L'art de se lancer

Le guide tout terrain pour tout entrepreneur

Ouvrage traduit de l'américain
par Marylène Delbourg-Delphis

Guy Kawasaki

Les Éditions Diateino

DU MÊME AUTEUR

Database 101

Hindsights

How to Drive Your Concurrence Crazy
Affolez vos concurrents, traduit par Sophie de Menthon, (Editions First)

Rules for Revolutionaries

Selling the Dream

The Computer Curmudgeon

The Macintosh Way

Conception graphique :
Agence Marc Praquin

Public concerné :
Professionnels

Catalogage :
Entreprise (création - reprise - développement)
Réussite professionnelle

Edition française 2006 : Les Editions Diateino

ISBN 2-915142-16-5

Rendez-vous sur :
www.diateino.com

Introduction à la version française

... il ne faut pas vouloir être trop fin si l'on veut éviter les bévues, ou plutôt il faut l'être assez pour ne l'être pas quand on doit avant tout être simple.

Vladimir JANKÉLÉVITCH

Vous avez lu les « bibles » pour la création d'entreprise. Je pense notamment à des ouvrages indispensables comme ceux de l'Agence pour la Création d'Entreprises (*Créer ou Reprendre une Entreprise*, Editions d'organisation) ou de Robert Papin (*Stratégie pour la Création d'Entreprise*, Dunod)). Maintenant, il s'agit de démarrer – et c'est là qu'il vous faut quelque chose de plus, comme une mise en condition qui vous conforte dans votre optimisme tout en avivant votre vigilance et votre lucidité. *L'art de se lancer* est pour vous.

Les titres des dizaines de commentaires postés par les lecteurs sur le site d'Amazon.com résument la raison du succès de ce livre depuis sa parution à l'automne 2004 aux Etats-Unis. En voici quelques-uns : *Lecture obligatoire pour démarrer une entreprise... Une vie de leçons de business en compact... Un guide concret pour quiconque veut commencer un business... Facile à lire, facile à utiliser... Des conseils pratiques, qui vont droit au but... Le bon sens entrepreneurial sous une forme digeste... Super livre pour ceux qui croient que les livres de business sont ennuyeux !... Génial, drôle et pratique... Un trésor... Vous économise des milliers de dollars en consultants... Dommage que je n'ai pas lu ce livre avant d'écrire mon business plan... Ce livre m'aurait économisé beaucoup d'argent !... Pragmatique et brillant : même les vétérans madrés ont besoin de ce livre... Excellent point de départ quel que soit le niveau d'expérience... Pas simplement avant de commencer... Dans votre périple pour « changer le monde », n'oubliez pas d'emporter celui-ci !*

Cet ouvrage ne remplace pas les livres techniques qui vous expliquent comment tenir une comptabilité, structurer votre capital ou vous acquitter de vos obligations juridiques et institutionnelles. Il est leur complément. S'il est certain que vous trouverez beaucoup de renseignements nouveaux – que vous « apprendrez » quelque chose, n'y cherchez cependant pas seulement ce que vous ignorez. Lisez avec une attention toute particulière ce que vous pensez déjà maîtriser, qu'il s'agisse de l'art de faire une présentation, de discuter avec des capital risqueurs ou de recruter des employés. Ne survolez pas ce qui vous paraît évident, car c'est souvent ces points-là que les entrepreneurs les plus brillants sont tentés de négliger, et ce faisant, ils perdent du temps, de l'énergie ou de la crédibilité. Qui que vous soyez, que vous ayez ou non l'idée du siècle, *créer une entreprise*, c'est s'occuper d'une foule de choses triviales ou apparemment insignifiantes, et il est précieux qu'il y ait des gens qui vous le disent et redisent.

... Et qu'ils le fassent avec un talent de conteur. C'est là qu'est la singularité de ce « cours de *business* ». Kawasaki parle à des gens qui existent en chair et en os. Il s'adresse à vous. Il se met à votre place et vous renvoie votre image. Il répond à vos questions et à celles que vous vous posez souvent sans toujours oser les formuler. Ce livre est, à bien des égards, une version écrite des multiples conférences que Kawasaki fait dans le monde et qui attirent des dizaines de milliers d'auditeurs. L'auteur qui communique avec vous est intelligible, familier, parfois insistant comme on l'est dans la vie lorsque l'on s'assure que les gens écoutent et comprennent. Il est toujours intéressant et charismatique.

Quiconque a entendu Kawasaki vous dira combien son enthousiasme et son humour sont irrésistibles. On « achète ». Il a l'exubérance du conteur, qui éclairant sa ligne narrative d'une quantité d'anecdotes relatives à son histoire personnelle ou à celle de personnages rencontrés au fil des années, donne à son propos la qualité persuasive du témoignage. Il en a aussi l'agilité verbale. Kawasaki pioche sans vergogne dans tous les registres linguistiques et culturels, les choisissant pour leur qualité évocatrice. Si Henry Ford, Pascal et Oscar Wilde n'ont rien en commun, les phrases qu'il leur dérobe sont mises au service d'une seule cause, celle de faire passer le courant avec les entrepreneurs, pour les secouer ou les motiver. C'est pour la même raison qu'il a recours à des expressions ou des mots qui sont, par eux-mêmes, des symboles et des sources d'inspiration, que ce soit la *pilule rouge* du film *Matrix*, le *mantra* du brahmanisme ou la qualité d'être un *Mensch*, un terme yiddish pour désigner quelqu'un de très bien. Enfin, Kawasaki a cette autre caractéristique du conteur, un tour d'esprit de moraliste, qui se révèle ici par une maxime, là par une parabole ou, occasionnellement, par une exhortation de prêcheur.

Cela dit, *L'art de se lancer* est pragmatique en diable ! Faites les exercices que Kawasaki vous propose dans certains chapitres. Essayez de présenter votre business en dix diapos et d'en décrire l'essentiel en quatre paragraphes ! Quand on est le nez dans le guidon, c'est souvent affreusement difficile. La lecture de ce livre vous donnera du recul, sera décapante pour certains, rafraîchissante pour d'autres – mais qui que vous soyez, vous vous sentirez proche d'un homme qui vous adresse au détour de presque chaque page un sourire de connivence, vous provoque et vous conseille avec bienveillance parce qu'il comprend les phases d'inquiétude par lesquelles passent presque tous les entrepreneurs .

Créer une entreprise n'est pas facile. Il n'y a aucune honte à l'admettre et à s'assurer que son entourage le comprenne. Mettez ce livre entre les mains de ceux qui vous disent « Ah bon ? Tu veux vraiment créer une boîte ? » Qu'ils soient inquiets, sceptiques, ou impatients parce que votre société « n'a pas l'air de démarrer », il est fort probable qu'ils aient en commun de ne pas être trop au courant de ce qu'implique véritablement la fondation d'une entreprise. Ce livre leur permettra de comprendre les phases par lesquelles vous passez. De fait, *L'art de se lancer* est aussi, à ma connaissance, l'un des rares ouvrages, qui permette aux profanes de se faire une idée de ce dont il s'agit. Suivant une recommandation de Kawasaki (« faites l'essai sur votre mère ou votre père »), j'ai mis le texte entre les mains de ma mère. Institutrice en retraite, elle a plus de quatre-vingts ans. Elle m'a entendue parler des différentes sociétés que j'ai montées ou aidées depuis vingt ans, mais cela restait abstrait. Elle a lu le manuscrit de cette version française comme une histoire. « Je vois mieux. » a-t-elle admis. « En tout cas, je comprends, même s'il y a des mots qui sont nouveaux pour moi. » J'ai pris acte de cette remarque. C'est vrai, ayant passé la majeure partie de ces vingt dernières années aux Etats-Unis, je me suis rendue compte que je parlais parfois le « français de la Silicon Valley ». Pour éviter les périphrases à n'en plus finir, j'ai donc essayé de clarifier certains termes dans leur contexte et par des notes de bas de page (suivies de la mention « NDT » – Note du Traducteur –). Ainsi, si j'ai utilisé indifféremment *« modèle d'entreprise »* et *« business model »*, je parle plus de *« l'art de faire une présentation »* que de celui de *« faire un pitch »* qui est une expression que les Français utilisent communément dans la Valley. Il y a cependant des mots que j'ai presque toujours gardés dans leur version francisée, comme *« bootstrapper »* qui veut dire commencer une entreprise avec rien – ou presque rien.

Vous pouvez vous demander si les recommandations de ce livre ne sont pas des recettes pour le goût américain, ou plus particulièrement adaptées à cette « Silicon Valley » dont rêvent tous les pays du monde, mais qui peut aussi véhiculer l'arrogance inhibante du succès quand on est en train de galérer dans son coin à Longwy, Montluçon, Lannion ou Rodez. Rassurez-vous. Ce n'est pas le cas. S'il est vrai que cet ouvrage permet de se représenter l'esprit d'entreprise dans la Silicon Valley et pourrait, en un sens, être lu comme le complément à un guide de voyage pour la Californie, ne perdez pas de vue que la Silicon Valley est, en réalité, un cocktail international et que Kawasaki, hawaiien japonais de troisième génération, est un globe-trotter. Oui, ce livre s'adresse à vous aussi, où que vous soyez en France, et quelle que soit la taille du marché que vous visez. *Le bon sens* est non seulement *la chose du monde la mieux partagée*, il est aussi sans frontière. L'ironie veut d'ailleurs que, chez Apple, il était le subordonné de Jean-Louis Gassée et qu'un autre français dépendait de lui, Alain Rossmann, qui compte maintenant parmi des entrepreneurs les plus exceptionnels de la Silicon Valley. Qui plus est, la toute première *start-up* à laquelle Kawasaki ait participé était la filiale *bootstrappée* d'une société française, elle-même *bootstrappée*. J'avais créé en France une société d'édition de logiciels en 1984, et lorsque j'ai créé la filiale américaine, en 1987, mon premier P.-D.G. a été Guy Kawasaki. Il quittait sa position prestigieuse à Apple et « allait de l'avant », en véritable entrepreneur, ce qu'il n'a jamais cessé d'être au cours de sa carrière, directement, ou en aidant ceux dont l'objectif est de « rapprocher l'avenir ».

Bonne lecture ! Et dès que vous le pouvez, consultez le blog de Kawasaki. Lancé le 1er janvier 2006, il avait accueilli 50.000 visiteurs trois jours plus tard : http://blog.guykawasaki.com. Pour un entrepreneur, c'est une mine d'or.

Marylène Delbourg-Delphis

Il y a bien des années, Rudyard Kipling fit un discours à l'Université McGill de Montréal. Il dit quelque chose de frappant qui mérite qu'on s'en souvienne. Mettant en garde les étudiants contre une préoccupation excessive pour l'argent, le statut social ou la gloriole, il dit : « Un jour, vous rencontrerez un homme qui n'a rien à faire de tout cela. Alors vous saurez à quel point vous êtes pauvre ».

Halford E. LUCCOCK

Pour mes enfants : Nic, Noah et Nohemi.

Un enfant est la start-up *suprême*
et j'en ai trois. C'est ce qui m'enrichit.

Remerciements

> Lorsque tu donnes des conseils,
> cherche à aider ton ami, non à lui faire plaisir.
>
> SOLON

Tous mes remerciements à ceux qui m'ont aidé pour ce livre. Premièrement à Rick Kot, de Viking, qui en a eu l'idée. De plus, il s'est accommodé de mon extravagance pour le titre, le sous-titre et le concours pour le *design* de la couverture. Tout auteur qui a quelqu'un comme Rick pour éditeur a de la chance. (L'inverse n'est pas nécessairement vrai.)

En second lieu, merci à Patty Bozza et à Alessandra Lusardi de Viking, et à l'équipe de Portfolio : Joe Perez, Will Weisner et Adrian Zackheim, ainsi qu'à son « altesse » Lisa Berkowitz. Derrière tout auteur qui réussit, il y a une équipe étonnante.

Troisièmement, merci au groupe de lecteurs qui a vraiment cherché à m'aider, non à me faire plaisir. Ils ont consacré bien des heures à lire et à améliorer mes versions. Ma reconnaissance éternelle à Marylène Delbourg-Delphis, George Grigoryev, Ronit HaNegby Heidi Mason, Bill Meade, Anne P. Mitchell, Lisa Nirell, Bill Reichert, Gary Shaffer, Rick Sklarin et Andrew Tan.

Quatrièmement, merci à ceux qui ont fait des suggestions, des corrections et des ajouts : Mohamed Abdel-Rahman, Anupam Anand, Imran Anwar, Dave Baeckelandt, AJ Balasubramanian, Steve Bengston, David Berg, Scott Butler, Tom Byers, Antonio Carrero, Lilian Chau, Pam Chun, Tom Corr, Stephen Cox, Martin Edic, Bob Elmore, Eric Erickson, Elaine Ferré, Pam Fischer, Lenn Hann, Steve Holden, Hilary Horlock, Katherine Hsu, Doug Ito, Bill Joos, John Michel, Cindy Nemeth-Johannes, Sam Kahn, Tom Kosnik, Pavin Lall, Les Laky, Molly Lavik,

Eric Lier, Anthony Lloyd, Robert MacGregor, Tom Meade, Chris Melching, Fujio Mimomi, Geoffrey O'Neill, Bola Odulate, Colin Ong, Steve Owlett, Lakiba Pittman, Gina Poss, Julie Pound, Warrick Poyser, The Propon Équipe, Richard Putz, Anita Rao, Jim Roberts, Marty Rogers, John Roney, Aaron Rosenzweig, Michael Rozenek, Brian Rudolph, David Schlitter, John Scull, Izhar Shay, Marc Sirkin, Marty Stogsdill, Judy Swartley, Russ Taylor, Larry Thompson, Amy Vernetti, Deborah Vollmer Dahlke, Ryan Walcott, Shelly Watson, Tim Wilson, Ryan Wong et Jan Zones.

Cinquièmement, merci à ceux qui m'ont aidé à promouvoir ce livre : Sandy Kory, Ruey Feng Peh, Shifeng Li, Shyam Sankar, Kai Yang Wang.

Sixièmement, merci à Beth, ma femme, aimante et adorable. Merci d'avoir été patiente avec moi quand j'écrivais ce livre, et cela à une époque très remplie dans notre vie, ainsi que pendant les meilleures vingt années de mon existence.

Septièmement, merci à Sloane Harris de International Creative Management. Merci à Dieu pour Sloane – autrement, Rick Kot et Portfolio m'auraient dévoré vivant.

Huitièmement, merci à Patrick Lor et à la bande de iStock-Photo.com pour leur aide à un auteur sans grand talent graphique.

Enfin, merci à John Baldwin, Ruben Ayala, et Ken Yackel de la patinoire Ice Oasis Skating et du Hockey Club. Sans eux, j'aurais terminé ce livre six mois plus tôt. Mais je n'aurais pas été le meilleur quinquagénaire, Hawaiien transplanté, débutant en hockey sur glace de la Silicon Valley. Et c'est certainement un créneau désirable à occuper.

Sommaire

Un ami est quelqu'un à qui vous pouvez déverser
le contenu de votre coeur aussi bien la balle que le grain.
Sachant que des mains très douces le prendront
et le passeront au tamis, garderont ce qui vaut d'être gardé et,
dans un souffle de gentillesse, disperseront le reste.

Auteur anonyme

Avant-propos

La phrase la plus excitante à entendre en science,
celle qui annonce de nouvelles découvertes, n'est pas Eurêka !
(« j'ai trouvé ! »), mais « c'est marrant ! ». »

Isaac ASIMOV

Il y a bien des façons de décrire le flux et le reflux, le yin et le yang, les phases de gonflement et d'éclatement des bulles qui expriment les cycles de la vie d'une entreprise. En voici une autre : les microscopes et les télescopes.

Dans la phase du microscope, on veut la pondération, le retour à l'essentiel, aux « principes de base ». Des experts agrandissent chaque détail, chaque point, chaque dépense et réclament des prévisions très détaillées, des études de marché prolongées et une analyse universelle de la concurrence.

Dans la phase du télescope, les entrepreneurs rapprochent l'avenir. Ils rêvent les yeux ouverts « au prochain grand truc », ils changent le monde et les suiveurs s'en mordent les doigts. On gaspille des sommes insensées, mais des idées folles prennent corps et le monde va de l'avant.

Quand les télescopes sont au travail, tout le monde est astronome et le monde est plein d'étoiles. Quand ils ne le sont pas, on ressort les microscopes et le monde est plein de défauts. La réalité est qu'on a besoin à la fois des microscopes et des télescopes pour réussir.

Mais cela implique de réunir de l'information disséminée dans des dizaines de livres, de revues et de conférences. Il faut aussi parler à des dizaines d'experts et de professionnels – si vous pouvez trouver des interlocuteurs ou vous le permettre. Vous pourriez passer tout votre temps à apprendre, et ne pas faire. Et *faire*, non apprendre à faire, est l'essence de l'entrepreneuriat.

L'art de se lancer répond à ce besoin. Mon but est de vous aider à utiliser vos connaissances, votre passion et votre détermination pour créer quelque chose de remarquable et sans que vous soyez obligé de vous enliser dans de la théorie et des détails superflus. Je fais l'hypothèse que votre but est de changer le monde, non de l'étudier. Si votre attitude est « pas de boniment et dites-moi simplement ce que je dois faire », vous avez frappé à la bonne porte.

Vous pouvez vous demander qui exactement est ce « vous » ? Le fait est que cet «entrepreneur» n'a pas de titre particulier. Il a *l'état d'esprit* de ceux qui veulent modifier l'avenir (et ce n'est pas l'apanage du profil Silicon Valley cherchant du capital-risque). En conséquence, ce livre s'adresse à ceux qui se lancent dans toutes sortes de *start-up* :

• Les garçons et les filles créant la prochaine entreprise exceptionnelle dans leur garage.

• Des âmes courageuses dans des sociétés établies qui mettent de nouveaux produits et services sur le marché.

• Des saints créant des écoles, des églises et des organisations caritatives.

Des sociétés remarquables. Des écoles remarquables. Des églises remarquables. Des organisations caritatives remarquables. Quand il s'agit des principes de base qui permettent de démarrer, les entrepreneurs se ressemblent plus qu'ils ne diffèrent. Leur succès dépend de leur capacité à survivre aux corvées exigées par le microscope sans perdre leur objectif de rapprocher l'avenir.

Démarrons.

Guy Kawasaki
Palo Alto, California

La cause

Chapitre I
L'art de se lancer

Regarde avec soin où ton cœur te dit d'aller
et persiste dans cette direction de toutes tes forces.

Proverbe hassidique

L'ESSENTIEL

Dans tous mes discours, j'utilise un format qui catalogue les dix sujets importants et je voudrais commencer ce livre par une liste des dix points fondamentaux pour un entrepreneur. Sauf qu'il n'y en a pas dix, il n'y en a que cinq :

1. **Créer du sens** (selon l'idée de John Doerr). La meilleure raison pour commencer une entreprise est de créer du sens, de créer un produit ou un service qui contribue à améliorer le monde. Donc votre première mission est de décider comment vous pouvez créer du sens.

2. **Créer un mantra**[1]. Oubliez les exposés sur votre mission ; ils sont longs, ennuyeux et sans intérêt. Personne ne peut s'en souvenir – encore moins les mettre en oeuvre. Au lieu de cela, prenez-en le sens et créez un mantra. C'est ce qui mettra votre équipe tout entière sur la bonne voie.

3. **Aller de l'avant.** Commencez à créer et à livrer votre produit ou votre service. Pensez fers à souder, compilateurs, marteaux, scies, logiciels de CAO ou tout autre outil que vous aurez à utiliser pour construire vos produits et services. Ne vous fixez pas sur les slogans, les textes et les plans.

1. Un mantra est une formule sacrée du brahmanisme. Si le terme peut avoir une connotation savante en français, il est d'un usage sensiblement plus fréquent en Californie, milieu international où de multiples vocables d'origines diverses se trouvent être utilisés dans des situations communes. (NDT)

4. **Définir un business model.** Quelle que soit la nature de l'activité que vous mettez en marche, vous devez trouver le moyen de faire de l'argent. Les idées, les technologies, les produits ou services, aussi brillants soient-ils, ne durent pas sans un modèle d'entreprise qui tient la route.

5. **Fabriquer un M.A.T (Marks, Assumptions,Tasks).** L'étape finale est d'établir trois listes :

• les objectifs *(marks)* principaux que vous devez atteindre ;
• les hypothèses *(assumptions)* qui sous-tendent votre *business model* ;
• les tâches *(tasks)* à accomplir pour créer une organisation.
C'est ce qui va imposer la discipline et maintenir l'ordre dans votre organisation quand ce sera le chaos – car il y aura du chaos.

CRÉEZ DU SENS

> Il ne m'est jamais venu à l'idée d'écrire pour ma réputation ou pour ma gloire. C'est ce que j'ai dans le coeur qui doit s'exprimer; c'est pour cela que je compose.
>
> Ludwig VAN BEETHOVEN

Bien des livres sur l'art d'entreprendre commencent par un processus rigoureux d'examen de conscience pour déterminer si vous êtes vraiment apte à lancer une entreprise :

• Etes-vous capable de travailler des heures et des heures pour un salaire dérisoire ?
• Etes-vous capable d'essuyer des refus plusieurs fois d'affilée ?
• Etes-vous capable d'assumer la responsabilité de douzaines de salariés ?

La vérité est qu'il est impossible de répondre à ces questions par avance et elles n'ont pas de sens. D'une part, les paroles et la bravade sont sans valeur. Dire que vous avez la volonté de faire quelque chose ne signifie pas que vous le ferez. D'autre part, que vous ayez des doutes et des inquiétudes ne signifie pas que vous ne construirez pas une grande entreprise. Votre manière de répondre à ces questions maintenant ne présage en rien de ce que vous ferez quand une grande idée se sera emparée de vous.

La vérité est qu'on ne sait pas réellement si on est un entrepreneur avant de le devenir – et parfois ne le sait-on même pas à ce moment-là. La seule vraie question que vous devez vous poser avant de vous engager dans l'aventure entrepreneuriale est celle-ci :

Est-ce que je veux créer du *sens* ?

Le « sens », ça n'a rien à voir avec l'argent, le pouvoir ou le prestige. Ce n'est pas même créer un lieu où il est amusant de travailler. Les sens du mot « sens » sont :

- Faire du monde un monde meilleur.
- Améliorer la qualité de vie des gens.
- Réparer un préjudice terrible.
- Empêcher la fin de quelque chose de bien.

Avoir des objectifs comme ceux-là est un avantage formidable quand vous avancez sur le chemin difficile que vous avez devant vous. Si vous répondez négativement à ces questions, vous pouvez certes réussir, mais ce sera plus difficile. Créer du sens est donc la motivation la plus puissante qui soit.

Il m'a fallu vingt ans pour comprendre cela.

En 1983, quand j'ai commencé dans la division Macintosh d'Apple Computer, battre IBM était notre raison d'exister. Nous voulions renvoyer IBM à son commerce de machines à écrire, les machines Selectric à boules.

En 1987, nous avions pour but de battre Windows et Microsoft. Nous voulions écraser Microsoft et forcer Bill Gates à emballer du poisson à Pike Place Market[2].

En 2004, je dirige une société de capital-risque pour jeunes entreprises, Garage Technology Ventures. Je veux donner la possibilité aux gens de créer de grands produits, de construire de grandes sociétés et de changer le monde.

La raison d'être des grandes entreprises est le désir de créer du sens. Ce désir n'est pas une garantie de succès, mais, si vous échouez, vous aurez échoué en ayant fait quelque chose qui valait la peine.

Exercice

Complétez cette phrase : Si votre organisation ne devait jamais exister, le monde serait pire parce que ....

CRÉEZ UN MANTRA

Fermez les yeux et pensez à la manière selon laquelle vous allez servir vos clients. Quel type de sens sera créé, selon vous, par votre société ? La plupart des gens interprètent cette question comme étant le « pourquoi » d'une société ou comme la formulation de sa mission.

2. Pike Place Market est un marché aux poissons célèbre à Seattle, la ville où se trouve le siège social de Microsoft. (NDT)

La définition de cette mission est habituellement l'une des premières initiatives des entrepreneurs. Malheureusement, il s'agit là d'une expérience pénible et frustrante qui se solde par un résultat d'une médiocrité exceptionnelle. C'est presque inévitable quand un nombre important de gens est chargé d'élaborer quelque chose qui doit plaire à un nombre encore plus grand (employés, actionnaires, clients et partenaires).

Le défaut essentiel de la plupart de ces « missions » est que tout le monde s'attend à ce qu'elles volent haut et disent tout. Le résultat est qu'elles sont longues, ennuyeuses, banales et burlesques[3]. Dans son livre *The Mission Statement Book*[4], Jeffrey Abrams donne 301 exemples de ces « missions » montrant que toutes les sociétés écrivent les mêmes banalités.

Pour preuve, voici une liste partielle de la fréquence de certains mots dans l'échantillonnage de « missions » fourni par Abrams :

- Meilleur : 94 fois
- Communautés : 97 fois
- Clients : 211 fois
- Excellence : 77 fois
- Leader : 106 fois
- Qualité : 169 fois

3. Si vous avez vraiment envie de créer une « mission », allez à www.artofthestart.com et cliquez sur le lien « générateur de missions » (http://www.unitedmedia.com/comics/dilbert/career/bin/ms2.cgi.). Cela vous conduira directement au générateur de missions de Dilbert et vous économisera des milliers de dollars.

4. ABRAMS (Jeffrey), *The Mission Statement Book*, (Berkeley: Ten Speed Press, 1999), 25-26.

La Fortune (ou Forbes dans mon cas[5]) préfère les audacieux. Donc, je vais vous donner un conseil qui vous facilitera la vie : remettez la formulation de votre « mission » à plus tard. Vous pourrez toujours en trouver une quand vous aurez réussi et que vous aurez du temps et de l'argent à perdre. (Si vous ne réussissiez pas, que vous ne l'ayez pas faite n'aura plus d'importance.)

A la place d'une « mission » et du bagage qui vient avec, élaborez un mantra pour votre organisation. La définition du mot « mantra » est la suivante :

« Syllabe ou phrase sacrée dotée d'un pouvoir spirituel, dans l'hindouisme et le bouddhisme[6] ».

La notion de mantra est vraiment extraordinaire. Combien de « missions » sont-elles capables de véhiculer cette puissance émotionnelle ?

La beauté d'un mantra est que tout le monde s'attend à ce qu'il soit court et joli (on pourrait même dire que le mantra le plus court du monde est le terme hindi : « Aum »). Vous n'aurez probablement pas à consigner votre mantra par écrit, à le publier dans votre rapport annuel ou à l'imprimer sur des posters. En vérité, si vous devez « imposer » votre mantra de cette façon, ce n'est pas le bon mantra.

5. *Fortune Magazine* et *Forbes Magazine* sont deux revues économiques américaines importantes. Guy Kawasaki a une chronique à Forbes.com.

6. Définition du *Petit Larousse*. Guy Kawasaki donne une définition semblable extraite de *The American Heritage Dictionary of the English Language*, 4th ed. (NDT)

Voici cinq exemples illustrant le pouvoir d'un bon mantra :

- Athlète source d'inspiration (Nike[7])
- La plus joyeuse fête du monde (Disney[8])
- Récompenser les instants de tous les jours (Starbucks[9])
- Penser (IBM)
- Gagner, c'est tout (Les Green Bay Packers de Vince Lombardi).

Comparez le mantra de Starbucks « Récompenser les instants de tous les jours » à la formulation de la mission de la société : « Etablir Starbucks comme le fournisseur de choix du café le plus délicat du monde tout en veillant à maintenir nos principes de pureté sans compromis au cours de notre croissance ».

Imaginez que quelqu'un demande à vos parents ou à la réceptionniste de votre entreprise ce que vous faites. Y a-t-il mieux qu'un mantra en trois mots comme l'est celui de Nike, « Athlète source d'inspiration » ?

Exercice

Dans cet espace – et cet espace seulement, écrivez le mantra de votre organisation : ....

Dernière remarque sur le mantra : Ne confondez pas « mantra » et « slogan ». Un mantra est destiné à vos employés. C'est le fil conducteur qui les inspire dans leur travail. Un slogan s'adresse à vos clients. C'est leur fil conducteur quand ils utilisent votre produit. Par exemple, le mantra de Nike est « Athlète source d'inspiration ». Le slogan est *« Just do it »*.

7. BEDBURY (Scott), *A New Brand World: 8 Principles for Achieving Brand Leadership in the 21st Century* (New York, Viking, 2002), 51.

8. Ibid, 52.

9. Ibid, 53.

Exercice

Le tableau qui suit énonce les missions de plusieurs organisations et des mantras que j'ai inventés. Qu'est-ce qui a, selon vous, le plus d'impact ?

ORGANISATION	ENONCE REEL DE LA MISSION	MANTRA HYPOTHETIQUE
Southwest Airlines	« La mission de Southwest Airlines est de fournir aux clients un service d'une qualité supérieure, de le faire chaleureusement, convivialement, par honneur personnel et dans l'esprit de la société ».	*Mieux que de conduire.*
Coca-cola	« La société Coca-Cola existe pour servir et rafraîchir quiconque y touche ».	*Rafraîchir le monde.*
Wendy's	« La mission de Wendy's est de délivrer des produits de qualité supérieure aux clients et aux communautés grâce à son leadership innovant et ses partenariats ».	*La restauration rapide saine.*
Croix Rouge	« Pour aider les gens à éviter les situations d'urgence, à s'y préparer et à y répondre ».	*Cesser la souffrance.*
United States Air Force	« Défendre les Etats-Unis et protéger ses intérêts par la puissance aérienne ».	*Foncer dans l'air et l'espace.*
United Way (Hawaii)	« L'objectif d'Aloha United Way est de fournir le leadership qui rassemble pour créer une communauté plus saine et plus fraternelle ».	*Rassembler les gens.*
March of Dimes	« Les volontaires, chercheurs, éducateurs, bénévoles et supporters travaillent ensemble pour donner à tous les bébés une chance de se battre contre ce qui menace leur santé : prématurité, infirmité de naissance, poids trop bas à la naissance ».	*Sauver les bébés.*

ALLEZ DE L'AVANT

La troisième étape n'est pas d'ouvrir Word pour rédiger votre projet d'entreprise, de lancer PowerPoint pour fabriquer une présentation ou de se mettre sur Excel pour faire des projections financières. Non, non et non !

Je ne dis pas cela pour réduire les ventes de Microsoft Office. Pour mémoire, je ne suis plus sur mon estrade anti-Microsoft. Il y aura un temps pour ces trois applications, et ce n'est pas maintenant. Pour le moment, ce que vous avez à faire, c'est (a) mettre un frein à votre tendance anale à créer des documents et (b) passer à l'exécution.

Cela veut dire construire un prototype, écrire votre logiciel, lancer votre site Web ou offrir vos services. La chose la plus difficile quand on démarre, c'est de démarrer. (C'est aussi vrai pour l'écrivain que pour l'entrepreneur). Pensez bien à ceci : personne n'a jamais réussi en *planifiant* de trouver de l'or.

Vous devez toujours être en train de vendre, non de faire de la stratégie sur ce qu'est vendre. Ne testez pas indéfiniment ; c'est un passe-temps pour les grandes sociétés. N'ayez pas peur des situations embarrassantes. N'attendez pas d'avoir un produit ou un service parfait. Vous aurez tout le temps de raffiner plus tard. Ce n'est pas un départ triomphal qui importe, mais un résultat glorieux qui est l'objectif.

L'ennemi de l'action est la cogitation et, à ce stade, cogiter sur des questions « stratégiques » de recherche et développement est un handicap. Des questions comme : « Quelle avance pouvons-nous prendre ? Que se passe-t-il si tout le monde n'aime pas ce que nous faisons ? et Devons-nous concevoir notre produit en fonction d'un client cible ou en faire un que nous aimerions utiliser ? » sont intempestives quand il s'agit de faire décoller une nouvelle entreprise.

Suivez plutôt les principes-clés qui permettent d'aller de l'avant :

• **Voyez grand.** Visez haut et recherchez quelque chose de grand. Si vous avez l'intention de changer le monde, ce ne sera pas en étant une « chiffe molle » avec des produits et des services fadasses. Ayez l'ambition de faire des choses qui sont au moins dix fois supérieures à ce qui existe. Quand Jeff Bezos a commencé Amazon.com, il n'a pas construit une librairie avec simplement 25.000 titres de plus que les 250.000 titres d'une librairie conventionnelle. C'est à 3.000.000 de titres qu'il est passé pour sa boutique en ligne.

• **Trouvez quelques âmes soeurs.** L'histoire aime la notion de l'inventeur solitaire : Thomas Edison (ampoule), Steve Jobs (Macintosh), Henry Ford (Model T), Anita Roddick (The Body Shop), Richard Branson (Virgin Airlines). L'histoire a tort. Les sociétés qui réussissent ont démarré avec au moins deux âmes soeurs et souvent davantage. Après coup, une personne peut être reconnue comme étant « le pionnier », mais il faut toujours une équipe de « bons » pour faire marcher n'importe quelle entreprise.

• **Polarisez l'attention.** Quand vous créez un produit ou un service que certains aiment, ne soyez pas surpris que d'autres le détestent. Votre but est de provoquer les passions – pour ou contre. Ne vous offusquez pas si quelqu'un est en désaccord avec ce que vous avez fait. Ce qui devrait vous vexer (ou vous faire peur), c'est l'indifférence.

Le *design* des voitures est un bon exemple de cette réaction de haine ou d'amour; regardez les opinions divergentes sur la Mini Cooper, l'Infiniti Fx45 ou la Toyota Scion xB. Les gens en sont ou des fanatiques ou des critiques implacables, et c'est très bien.

• **Faites un design différent.** En fonction des styles de management en vogue, vous pouvez être tenté de croire qu'il y a une méthode idéale pour concevoir des produits et des services. Ce n'est pas vrai. Il n'y en a pas qu'une qui soit la bonne. En voici quatre différentes, qui sont toutes valables, et je suis sûr qu'il y en a davantage.

« J'en veux une ». C'est la meilleure étude de marché qui soit : le client et le designer sont une seule et même personne. Ainsi, la voix du client peut accéder au cerveau du designer. Pas d'interférences dues à la politique intérieure et personne ne dépend du *statu quo*, ni des études de marché. Par exemple : Ferdinand Porsche disait : « J'ai regardé autour de moi et ne trouvant pas la voiture de mes rêves, j'ai décidé de la construire moi-même[10] ».

« Mon employeur ne pouvait pas (ou ne voulait pas) le faire ». Pas aussi romantique que « J'en veux une », mais ça tient la route. Vos antécédents vous permettent de comprendre déjà la base client, la concurrence, les fournisseurs et vous avez les contacts dans l'industrie. Vous devez, certes, construire le produit ou le service et avoir des clients, mais vous avez déjà les réponses à bien des questions. Par exemple, des anciens de l'Unité 8200 des Forces de défense israélienne se lancèrent dans la création de sociétés comme Checkpoint après avoir développé des logiciels de sécurité pour l'armée.

« Que diable ! C'est possible ! » Ce n'est pas une théorie populaire quand les temps sont durs et que les microscopes pullulent. C'est le moment où le monde devient conservateur et exige que tout marché soit « prouvé ». Cela dit, les marchés pour des produits qui font un bond en avant ou vont changer les comportements sont rarement validés d'avance.

10. Forbes FYI (2003): 21.

Par exemple, quand Motorola a inventé le téléphone cellulaire, on ne s'est pas jeté dessus. A l'époque, l'idée de « téléphone portable » était une contradiction dans les termes, car, pour tout le monde, un téléphone était attaché à un endroit précis. En un sens, il n'y avait pas de marché pour des téléphones que les gens pouvaient bouger.

« Il doit y avoir une meilleure façon de faire ». L'organisation qui naît de cette philosophie part de la vision idéaliste qu'on peut améliorer le monde en faisant quelque chose de nouveau. Dans bien des cas, l'expérience préalable des fondateurs n'a pas de lien logique avec leur entreprise. Ils ont simplement eu une idée et décidé de la mettre en oeuvre. Exemple: eBay. Pierre Omidyar, le fondateur, voulait mettre en place un « marché parfait » pour la vente de biens. (L'histoire de sa copine voulant vendre des distributeurs de bonbons a été inventée par les relations publiques.)

• **Utilisez des prototypes en guise d'étude de marché.** Au cours de la période initiale d'une entreprise, il y a une réelle incertitude sur ce qu'on devrait créer exactement et sur ce que veulent les clients. A ce stade, l'étude de marché traditionnelle est inutile: il n'y a pas d'enquête ni de panel de discussion qui puisse prédire l'acceptation d'un produit ou d'un service qu'on est à peine capable de décrire. Achèteriez-vous un nouvel ordinateur sans logiciels, sans disque dur et sans couleur qui imite le monde réel – mais qui a une poubelle[11] ?

Le mieux est d'essayer de faire un prototype, de le mettre immédiatement sur le marché et de faire une nouvelle version rapidement. Si vous attendez les circonstances idéales où vous aurez toutes les informations dont vous avez besoin (ce qui est impossible), le marché vous passera sous le nez.

11. Ce n'est pas ainsi que nous avons positionné le premier Macintosh, mais c'est une description assez exacte de ce que nous avions.

Le résultat logique de l'attitude qui consiste à « aller de l'avant » est une première version d'un produit ou d'un service. Mais ne corrigez pas votre produit pour amener des clients potentiels à l'aimer. Au lieu de cela, corrigez parce que des clients aiment déjà. Permettez-moi de traduire cela en termes religieux. Il y a des gens qui croient que, s'ils changent, Dieu les aimera. D'autres croient que, puisque Dieu les aime, ils devraient changer. C'est cette dernière théorie qu'il faut avoir comme modèle à l'esprit, sur la façon d'aller de l'avant et de continuer à aller de l'avant quand on est une *start-up*.

DÉFINISSEZ VOTRE *BUSINESS MODEL*

Vous voulez créer du sens. Vous avez trouvé un mantra. Vous avez commencé à faire un prototype de votre produit ou votre service. La quatrième étape est de définir un *business model*. Pour cela, vous devez répondre à deux questions :

- Qui a votre argent dans sa poche ?
- Comment allez-vous le mettre dans votre poche à vous ?

Ces questions manquent de subtilité, mais c'est une façon utile de voir la réalité de ce qu'est lancer une entreprise - même, et peut-être surtout, quand on crée des organisations caritatives qui doivent à tout prix trouver de l'argent pour simplement rester en vie. Vous ne pouvez pas changer le monde si vous êtes mort et vous êtes mort si vous n'avez pas d'argent.

Pour parler plus élégamment, la première question a trait à la définition de votre client et à l'identification de son calvaire. La seconde question est centrée sur le mécanisme de vente assurant que vos revenus seront supérieurs à vos coûts. Voici quelques conseils pour vous aider à développer votre *business model* :

Soyez précis. Plus la description de votre client est précise, mieux c'est. Bien des entrepreneurs ont peur de s'enfermer dans un « créneau » sans pouvoir en sortir par la suite et parvenir à l'ubiquité. Pourtant, la majorité des sociétés qui a réussi a démarré en ciblant des marchés spécifiques et a atteint (parfois contre toute attente) une taille importante. Peu de sociétés ont démarré avec des objectifs grandioses et les ont atteints.

Restez simple. Si vous ne pouvez pas décrire votre modèle d'entreprise en dix mots ou moins, c'est que vous n'en avez pas. Vous devriez utiliser environ dix mots – et les distiller avec sagesse en employant une terminologie simple, de la vie de tous les jours. Evitez le jargon à la mode du moment (« stratégique », « critique » « d'envergure internationale », « synergie », « premier entrant », « extensible », « de classe industrielle », etc.). Le verbiage ne donne pas un *business model*[12]. Pensez au modèle d'eBay : on facture un prix d'inscription plus une commission. Point final.

Copiez quelqu'un. Le commerce ne date pas d'aujourd'hui. A peu près tous les modèles d'entreprises possibles ont déjà été inventés par des gens ingénieux. Vous pouvez innover en matière de technologie, de marchés et de clients, mais inventer un nouveau modèle n'est pas un bon plan. Essayez de rattacher le vôtre à un modèle qui a déjà réussi et que l'on comprend. Vous avez bien assez des autres combats à mener.

Mon dernier conseil : demandez aux femmes leur avis – et seulement aux femmes. Je professe comme théorie qu'au tréfonds de l'ADN des hommes il y a un gène « tueur ». Ce gène fait que les hommes veulent tuer les gens, les animaux et les plantes. La société a réprimé ce gène dans une large mesure, mais lancer une entreprise pour en tuer une autre est encore socialement acceptable.

12. Inspiré par SHERMER (Michael), *Why People Believe Weird Things* (New York: R.W.H. Freeman, 2002), 49.

Demander à un homme quel est son *business model* est inutile parce que n'importe lequel semble bien à quiconque a un chromosome Y. Par exemple, Sun Microsystems veut tuer Microsoft. Mais quand avez-vous acheté pour la dernière fois un ordinateur parce que son fabricant voulait en tuer un autre ?

Les femmes, en revanche, n'ont pas ce gène tueur. C'est pourquoi elles sont bien meilleurs juges que les hommes de la viabilité d'un modèle d'entreprise. N'êtes-vous pas de mon avis ? Les *Darwin Awards* sont la preuve irréfutable que les femmes ont plus de bon sens. Ces prix commémorent « les individus qui se sont enlevés d'eux-mêmes du parc génétique d'une façon sublimement idiote[13] ».

Par exemple, en 1998, deux ouvriers du bâtiment ont causé leur propre perte en découpant un trou circulaire sur le sol tout en restant au milieu du cercle[14]. Les *Darwin Awards* comportent neuf chapitres sur la stupidité des hommes et un chapitre sur la stupidité des femmes. J'arrête là ma plaidoirie.

Exercice

1. Calculez les coûts opérationnels mensuels de votre organisation.
2. Calculez votre bénéfice brut sur chaque produit.
3. Divisez 1 par 2.
4. Demandez à quelques femmes si elles pensent que vous avez une chance de vendre le nombre d'unités que vous prévoyez. Si ce n'est pas le cas, vous n'avez pas de *business model*.

13. Northcutt (Wendy), *The Darwin Awards* II (New York: Dutton, 2001), 2.
14. Ibid, 70.

FABRIQUEZ UN *M.A.T.*

Une des définitions d'un « *mat* » est « un feutre de fibres de verre coupées et agglomérées par un liant organique[15] ». Une des fonctions d'un *mat*, soulignée par *The American Heritage Dictionary of the English Language* est « de ne pas laisser les choses s'éparpiller[16] ». Eviter l'éparpillement est précisément ce à quoi vous devez veiller pour cette cinquième étape, la dernière. Ici, les lettres *M.A.T.* veulent dire Marks (« objectifs ») Assumptions (« hypothèses »), et Tasks (« tâches[17] »).

Faire ce *M.A.T* permet de comprendre la portée de ce que vous êtes en train d'entreprendre, de tester les hypothèses rapidement et de fournir une méthode pour trouver et corriger les lacunes importantes dans votre réflexion.

Objectifs *(Marks)*

Pour la plupart des gens, il semble qu'une *start-up* doive atteindre un nombre apparemment illimité d'objectifs. Pourtant, certains l'emportent de très loin sur les autres. Ce sont les objectifs qui indiquent les progrès significatifs de l'entreprise sur le chemin du succès. Une *start-up* doit se concentrer sur sept objectifs. Si vous en manquez un, votre organisation peut mourir.

- Prouvez votre concept.
- Terminez les spécifications du *design*.
- Finissez un prototype.
- Levez des capitaux.
- Envoyez aux clients une version qu'ils peuvent tester.
- Envoyez aux clients la version finale.
- Atteignez le seuil de rentabilité.

15. *Le Petit Larousse* (NDT).

16. *The American Heritage Dictionary of the English Language*, 4th ed. s. v. « mat .»

17. Inspiré par McGRATH, GUNTHER (Rita) et C. MACMILLAN (Ian), *Discovery-Driven Planning, Harvard Business Review* (July-August 1995).

Ces étapes valent pour tout type d'entreprise. Par exemple, une nouvelle école peut prouver son concept en regardant si deux professeurs, enseignant en équipe et utilisant un nouveau programme, peuvent fournir une éducation plus individualisée et améliorer l'apprentissage dans une classe pilote. Quand le concept est validé, l'école peut compléter la définition de son programme, recueillir de l'argent, déployer son prototype et commencer les cours.

Il y a d'autres tâches (nous allons y revenir bientôt) qui sont aussi importantes pour la survie de l'entreprise, mais aucune ne l'est autant que ces objectifs, dont le calendrier va guider le *timing* d'à peu près tout ce que vous aurez d'autre à faire. Donc consacrez-leur 80 % de vos efforts.

Exercice

Enlevez la mission faiblarde encadrée dans votre entrée et remplacez-la par une copie des dates butoirs auxquelles vous devrez avoir atteint les sept objectifs mentionnés plus haut. Assurez-vous que vos employés et vos visiteurs peuvent les lire.

Crédit supplémentaire

Répétez cette procédure pour chaque nouveau produit ou service. Créez un mur qui montre la trajectoire de votre organisation.

Hypothèses *(Assumptions)*

En second lieu, créez la liste complète des hypothèses principales que vous faites à propos de votre affaire. Il s'agit de facteurs comme :

- Les critères d'évaluation des performances de votre produit ou de votre service.
- La taille du marché.
- La marge brute.
- Le nombre d'appels téléphoniques par commercial.
- Le taux de conversion des prospects en clients.
- La longueur du cycle de vente.
- La rentabilité de l'investissement pour le client.

- Le nombre d'appels au support technique par rapport au nombre de produits vendus.
- Les cycles de règlement des comptes clients et des dettes fournisseurs.
- Les obligations salariales.
- Le prix des pièces détachées et des fournitures.
- La rentabilité du client par rapport à l'investissement pour l'acquérir.

Surveillez ces hypothèses en permanence et, quand elles se révèlent inexactes, réagissez tout de suite. Idéalement, vous pouvez les associer aux sept objectifs mentionnés plus haut. Ainsi, quand vous parvenez à un objectif, vous pouvez vérifier l'hypothèse correspondante.

Tâches *(Tasks)*

En troisième lieu, créez la liste détaillée des tâches relatives au *design*, à la fabrication, à la vente, à la distribution et au support de votre produit ou au suivi de votre service. Elles sont nécessaires à la construction de votre société, même si elles n'ont pas le même niveau d'importance que les sept objectifs. Au nombre de ces tâches, citons :

- Louer des bureaux.
- Trouver les fournisseurs-clés.
- Mettre en place la comptabilité et la paie.
- Régler les formalités juridiques.
- Acheter les polices d'assurance.

Le but de cette liste est de vous faire prendre la mesure de tout de ce que votre entreprise doit faire pour éviter que quelque chose ne passe à la trappe au cours des premiers mois, souvent euphoriques.

Mini-chapitre
L'art de l'entrepreneuriat interne

L'innovation naît souvent à l'extérieur des organisations existantes, en partie parce que les organisations qui réussissent s'installent dans le *statu quo* et résistent aux idées qui pourraient l'affecter.

Nathan ROSENBERG

Un nombre important de gens qui aspirent à devenir des entrepreneurs travaillent dans de grandes sociétés. Comme tous les entrepreneurs, ils rêvent de créer des produits ou des services innovants et ils se demandent s'ils peuvent le faire en interne. La réponse est « oui ». Le propos de ce mini-chapitre est d'expliquer comment.

Les « règles de l'art » présentées dans ce livre s'appliquent aux entrepreneurs internes. Eux aussi doivent innover, positionner, faire des présentations, écrire des *business plans*, recruter, trouver de l'argent, trouver des partenaires, créer une image de marque, faire des miracles et être des « *Menschen*[18] ». Mais certaines recommandations s'adressent plus particulièrement à l'entrepreneur interne.

L'ironie veut que beaucoup d'entrepreneurs envient les employés de grandes sociétés, qu'ils les voient comme des privilégiés ayant à leur disposition des moyens financiers énormes, des forces de vente importantes, des labos parfaitement équipés, des usines extensibles, une image de marque établie et de bonnes assurances médicales et dentaires. Comme ça doit être merveilleux, se disent les « types » dans leur garage, d'inventer un nouveau produit ou de créer un nouveau type de service quand on a ce genre de ressources !

18. La traduction française du mot yiddish « *Mensch* » («Menschen» au pluriel) est « quelqu'un de vraiment bien. » Nous conservons le mot utilisé par Guy Kawasaki et qui fait l'objet du dernier chapitre de ce livre. (NDT)

Détrompez-vous. Faire quelque chose de nouveau à l'intérieur d'un mammouth n'est pas plus facile; les défis sont seulement différents. J'ai fait partie d'une aventure qui correspond au « meilleur cas » : la division Macintosh d'Apple. Je peux expliquer son succès en deux mots : *Steve Jobs*. Ses talents de *design* hors normes, son attention maniaque au détail et une personnalité capable de déformer la réalité (plus son statut de cofondateur) ont fait du Macintosh un succès. Sans Steve Jobs, le Macintosh n'aurait pas existé ou, il aurait eu la forme d'un Apple II avec une poubelle.

Mais s'il faut être Steve Jobs pour innover à l'intérieur des grandes sociétés, allez-vous penser à coup sûr, *renonçons tout de suite*. S'il est vrai que ce genre de visionnaire est rare quel que soit le secteur d'activité, les gens qui ont l'audace, la vision et l'intelligence politique ont la possibilité de mettre en place un avant-poste entrepreneurial dans une société établie. Ce mini-chapitre a été écrit en collaboration avec Bill Meade, un ami proche qui a aidé Hewlett Packard à organiser une chambre forte substantielle de brevets. Nous sommes arrivés aux recommandations suivantes pour les entrepreneurs internes.

La société d'abord. La motivation première, sinon unique, de l'entrepreneur interne doit être l'amélioration de la société. Le but de l'entrepreneuriat interne n'est pas d'accaparer l'attention, de construire un empire ou de se mettre en position pour se catapulter hors de la société. Si vous avez une bonne idée de produit ou de service, vous attirerez un nombre important d'employés provenant de tous les niveaux hiérarchiques. Ils vous soutiendront si ce que vous faites, vous le faites pour la société, non pour un gain personnel. Si vous ne gagnez pas la base, il est probable que ce que diront les directeurs n'aura pas d'importance.

Tuez les vaches à lait. Ne le proclamez pas partout, mais votre charte est souvent de créer le produit ou le service qui pourrait tuer un produit ou un service existant. Cela dit, il est préférable que ce soit vous qui tuiez les vaches à lait de la société plutôt qu'un concurrent ou « deux types dans leur garage ». Le Macintosh a tué l'Apple II. Aurait-il mieux valu pour Apple que ce soit un concurrent qui crée le Macintosh ? Evidemment non. Cette charte est une raison de plus de penser « la société d'abord » : ce que vous faites sera infailliblement un sujet de controverse. Mais si ce n'est pas vous qui tuez les vaches à lait, quelqu'un à l'extérieur le fera.

Restez sous le radar. Deux types dans leur garage doivent le plus possible essayer d'attirer l'attention. La sensibilisation à leurs efforts facilite la levée de capital, l'établissement de partenariats, la conclusion de ventes et le recrutement d'employés. Mais c'est le contraire qui est vrai pour les entrepreneurs internes. Restez dans votre coin jusqu'au moment où votre projet sera trop avancé pour qu'on continue à l'ignorer ou jusqu'au moment où la société se rendra compte qu'elle en a besoin. Plus vous frappez haut dans une société, plus rares sont ceux qui comprendront ce que vous faites. C'est parce que plus les gens sont élevés dans la hiérarchie, plus ils veulent maintenir le *statu quo* et protéger leur position.

Trouvez un parrain. Dans bon nombre de sociétés, il y a des gens dans le rôle de parrain. Ces gens se sont acquittés de leur dû et sont à l'abri des mesquineries politiques quotidiennes. Ils sont relativement intouchables et ont habituellement l'oreille et le respect de la direction. Les entrepreneurs internes ont intérêt à trouver un parrain qui soutienne leur projet et leur donne des conseils, un point de vue technique, des idées de marketing et une protection – si d'aventure, vous avez besoin de protection.

Obtenez un bâtiment séparé. Un entrepreneur interne qui reste dans la mouvance des affaires courantes mourra des suites des milliers de coupures de budget causées par des chefs de département expliquant pourquoi ce nouveau projet est une mauvaise idée. « La nouveauté semble toujours si chétive – si peu prometteuse – à côté de la réalité d'une grosse affaire qui tourne[19] ». La division Macintosh a démarré dans un bâtiment qui était suffisamment éloigné du reste d'Apple pour être à l'écart des activités quotidiennes, mais assez proche pour bénéficier des ressources de la société. Un bâtiment séparé va maintenir vos efforts sous le radar et entretenir un *esprit de corps*[20] chez votre joyeuse bande de pirates. La distance idéale par rapport aux pontes de la société est quelque part entre quatre cents mètres et quatre kilomètres : c'est assez près pour que vous puissiez aller les voir, mais suffisamment loin pour qu'ils n'aient pas envie de vous rendre visite fréquemment.

Donnez l'espoir à ceux qui espèrent. Dans tout cynique qui pense que « cette société est trop grosse pour innover », il y a un idéaliste qui aimerait voir que c'est possible. Les bons dans les grosses sociétés en ont assez d'être ignorés, oubliés, humiliés et forcés à se soumettre. Ils sont peut-être piétinés, mais ils ne sont pas morts. Quand vous leur montrerez que vous êtes en train de planter un pieu au coeur du *statu quo*, vous attirerez leur soutien et leurs ressources. Votre but sera alors de les faire passer du stade où ils ont envie de voir de l'innovation au stade où ils auront envie de vous aider à réussir.

19. F. DRUCKER (Peter), *Innovation and Entrepreneurship: Practice and Principles* (New York: Harper and Row, 1985), 162.

20. En français dans le texte. (NDT)

Anticipez les glissements tectoniques et sautez dessus. Les déformations structurelles dans une société sont une bonne chose pour les entrepreneurs internes. Qu'ils soient causés par des facteurs externes, comme des changements dans le marché, ou des facteurs internes, comme la venue d'un nouveau P.-D.G., les glissements tectoniques signalent le changement et sont une ouverture pour vos efforts. Les entrepreneurs internes efficaces anticipent ces glissements et sont prêts à dévoiler leurs nouveautés quand ils ont lieu : « Regardez sur quoi nous avons travaillé ». C'est le contraire des pontes qui, eux, disent : « Ah, oui ! maintenant je vois l'évolution. Si vous me le permettez, donnez-moi six mois et une équipe d'analystes, je trouverai une nouvelle stratégie produit ».

Construisez sur ce qui existe. L'inconvénient d'essayer d'innover dans une grande société est clair et bien connu, mais il y a aussi des avantages. N'hésitez pas à tirer parti de l'infrastructure existante pour faciliter le processus d'innovation et commencez par vous approprier ce que vous pouvez si vous le devez. Vous ne recueillerez pas seulement des ressources matérielles, vous vous ferez aussi des amis au fur et à mesure que d'autres auront davantage le sentiment de faire partie de votre équipe. Si vous essayez de faire tout par vous-même (comme construire votre propre chaîne de fabrication pour prendre un exemple extrême), vous vous ferez des ennemis. Une *start-up* à l'intérieur d'une grosse société n'a pas besoin d'ennemis intérieurs. Il y aura bien assez d'ennemis sur le marché.

Rassemblez et partagez l'information. A un moment ou à un autre, un comptable ou un avocat posera des questions sur le pourquoi de votre projet. J'espère pour vous que ce sera trop tard et non trop tôt, mais cela arrivera. Préparez-vous à cette éventualité en rassemblant les documents sur ce que vous avez dépensé et sur ce que vous avez accompli ; ensuite, en partageant l'information. Dans les grandes sociétés, l'information supprime les anticorps, mais il peut être trop tard pour mettre la main sur l'information une fois que les anticorps sont apparus.

Laissez les directeurs venir à vous. Question rapide : pensez-vous que la première chose est de faire endosser votre projet par un directeur ? Non. C'est l'une des dernières étapes. Ce directeur deviendra « propriétaire » de votre idée et il la soutiendra mieux s'il la « découvre » et vous approche ensuite. Il se peut que vous deviez vous assurer qu'un directeur découvre « accidentellement » votre projet au bon moment, mais ce n'est pas la même chose que de chercher la permission de démarrer.

Démantelez quand c'est fini. La beauté d'un groupe entrepreneurial interne est qu'il peut développer rapidement de nouveaux produits et services. Malheureusement, la cohésion même qui fait l'efficacité de ce groupe peut être, plus tard, la cause de sa perte s'il reste séparé du reste de l'organisation (et si, comme c'est courant, il demeure à l'écart). Son efficacité diminue d'autant plus que ses membres en viennent davantage à penser qu'eux seuls « savent » ce qu'il faut faire. Bref le groupe crée une nouvelle bureaucratie, la sienne[21]. Si le produit ou le service est un succès, démantelez le groupe et intégrez-le au reste de l'organisation. Puis créez un nouveau groupe pour faire un nouveau bond en avant.

21. HARGADON (Andrew), *How Breakthroughs Happen: The Surprising Truth About How Companies Innovate* (Boston: Harvard Business School Press, 2003), 116-117.

« **Réinitialisez** » **votre cerveau.** Nombre d'entrepreneurs internes vont trouver que le reste de ce livre prescrit des actions contraires à ce dont ils ont l'expérience, à ce qu'ils ont appris et, peut-être, à ce qu'on enseigne dans les grandes sociétés. La réalité est que commencer quelque chose dans une société existante requiert l'adoption de nouveaux modes de comportement – en bref, que vous réinitialisiez votre cerveau. Ce tableau va vous préparer à la suite :

THEME	GRANDE SOCIETE	START-UP
Positionnement	Faire tout pour tout le monde.	*Trouver une niche et dominer cette niche.*
Présentation	Soixante diapos, quatorze points pour la police de caractères, 120 minutes.	*Dix diapos, trente points pour la police de caractères, 20 minutes.*
Business plan	Deux cents pages d'extrapolations à partir de données historiques.	*Vingt pages où l'on prend ses désirs pour la réalité.*
Bootstrapping	Séjourner au Hyatt Regency au lieu du Ritz Carlton.	*Séjourner chez un copain d'école au lieu d'un Motel Six.*
Recrutement	Chasseurs de tête internes examinant des candidats avec une expérience chez les Fortune 500 ou chez les Quatre Grands.	*Enrôler les gens qui « pigent » et veulent bien risquer leur carrière pour des actions.*
Partenariat	Négocier des deals « je gagne-tu perds », que la presse va aimer.	*Trouver un moyen d'accroître ses ventes sur le dos des autres.*
Image de marque	Faire de la publicité pendant le Super Bowl.	*Evangéliser dans les tranchées.*
Faire des miracles	Dessous-de-table pour les revendeurs et commissions pour les commerciaux.	*Aspirer tout ce qu'on peut.*
Etre quelqu'un de bien (un « *Mensch* »)	Appeler le département juridique.	*Aider les gens qui ne peuvent pas vous aider.*

FAQ[22]

Q. Je l'admets : J'ai peur. Je n'ai pas les moyens de laisser tomber mon job actuel. Est-ce le signe que je n'ai pas ce qu'il faut pour réussir ? Ne suis-je pas pourtant vraiment engagé ?

R. Vous devez avoir peur. Si vous n'avez pas peur, c'est qu'il y a quelque chose d'anormal en vous. Vos craintes ne sont pas le signe que vous n'avez pas l'étoffe qu'il faut. Au début, tout entrepreneur a peur. C'est simplement que certaines personnes « se la jouent », et que d'autres non.

Vous pouvez dissimuler ces craintes en vous jetant à corps perdu dans le travail et en progressant insensiblement chaque jour. Puis, vous vous réveillerez en découvrant que vous n'avez plus peur, ou plutôt que vous avez des craintes toutes différentes.

Cela étant, cependant, ne dites jamais que vous avez peur aux autres employés. Ne tombez pas non plus dans l'excès inverse en faisant comme si vous n'aviez aucune inquiétude parce que alors, ils sauront que vous avez une peur bleue.

Q. Devrais-je partager mes idées personnelles avec quelqu'un d'autre que mon chien ?

R. La seule chose qui est pire qu'un entrepreneur paranoïaque est un entrepreneur paranoïaque qui parle à son chien. Il y a plus à gagner qu'à perdre à discuter librement de son idée (*feed-back*, relations, recommandations). Si le seul fait de parler de votre idée la rend difficile à protéger, cela veut dire qu'il n'y a pas grand-chose. (Voir la section FAQ du chapitre 7 : L'art de lever des fonds, pour une analyse détaillée sur les clauses de confidentialité).

22. Kawasaki fait un jeu de mots sur le terme de FAQ, frequently asked questions (questions fréquemment posées) et le transforme en frequently avoided questions (questions fréquemment évitées). (NDT)

Q. A quel niveau d'avancement de mon projet dois-je commencer à parler aux gens de ce que je fais ?

R. Commencez immédiatement. Vous allez constamment tourner et retourner votre idée dans votre tête. Plus vous parlerez aux gens, plus vous enrichirez vos pensées. Si vous ne faites que vous regarder le nombril, vous ne verrez que les peaux mortes qui s'y accumulent.

Q. Comment savoir s'il est temps d'abandonner, au lieu de s'obstiner dans une aventure vouée à l'échec ?

R. La vieille platitude est que les bons entrepreneurs n'abandonnent jamais. C'est bon pour les livres et les discours, mais pas dans le monde réel. Si trois amis proches vous disent d'abandonner, écoutez-les. Comme on sait, quand trois personnes vous disent que vous êtes ivre, vous rentrez à la maison en taxi. Il n'est pas important de ne jamais échouer. L'important est de continuer à essayer.

Q. Je pense que j'ai une idée géniale, mais je n'ai pas de formation d'entrepreneur. Que dois-je faire ?

R. D'abord, si votre idée géniale est seulement, par exemple, de faire « un nouvel ordinateur rapide, élégant et sans bogues » et que vous ne pouvez pas le réaliser, vous n'avez rien. Dans ce cas, ne perdez le temps de personne avant d'avoir trouvé quelqu'un qui saura en faire l'ingénierie.

Maintenant, si on suppose que vous êtes capable de passer à l'exécution, vous pouvez recruter deux catégories de gens. Soit un mentor. C'est une personne d'un certain âge qui est d'accord pour être votre *coach* de temps en temps, mais n'effectue pas de travail à proprement parler. Soit un partenaire pour la partie commerciale. Il s'agit d'une personne d'accord pour travailler à vos côtés – même à temps partiel et dont les capacités complètent les vôtres. Dans les deux cas, ces gens feront une grande différence dans votre affaire.

Q. Quand dois-je me préoccuper de ressembler à une vraie entreprise avec des cartes de visite, du papier à en-tête et un bureau ?

R. Faites les cartes de visite et le papier à en-tête immédiatement. Dépensez un peu d'argent et faites-en faire le *design* par un professionnel ou ne faites rien du tout. Assurez-vous que la taille des caractères n'est pas inférieure à douze points. Un bureau n'est pas nécessaire tant que des clients ne viennent pas vous voir ou que vous avez assez d'espace pour votre équipe.

Q. Ai-je besoin d'un site Web ?

R. Oui, en particulier si vous voulez lever des fonds, servir des quantités de clients, changer le monde de façon spectaculaire et parvenir à la liquidité. Les clients, les partenaires et les investisseurs vont chercher votre site Web dès le début.

LECTURES RECOMMANDÉES

DRUCKER (Peter F.), *Innovation and Entrepreneurship: Practice and Principles*. New York: Harper and Row, 1985.

HARGADON (Andrew), *How Breakthroughs Happen: The Surprising Truth About How Companies Innovate*. Boston: Harvard Business School Press, 2003.

KUHN (Thomas), *The Structure of Scientific Revolutions*. Chicago: University of Chicago Press, 1962.

SHEKERJIAN (Denise), *Uncommon Genius: How Great Ideas Are Born*. New York: Penguin Books, 1990.

UELAND (Brenda), *If You Want to Write*. St. Paul: Graywolf Press, 1987.

UTTERBACK (James M.), *Mastering the Dynamics of Innovation: How Companies Can Seize Opportunities in the Face of Technological Change*. Boston: Harvard Business School Press, 1994.

L'articulation

Chapitre II
L'art du positionnement

Permettez-moi de me présenter. Je m'appelle Wile E. Coyote... Genius. Je ne vends rien et je ne suis pas en train de travailler pour entrer à l'université, donc venons-en au fait. Vous êtes un lapin et je vais vous manger pour mon souper. Maintenant n'essayez pas de vous échapper ! J'ai plus de muscle ; je suis plus malin, plus rapide et plus grand que vous... et je suis un génie. Vous auriez du mal à réussir des examens d'entrée à l'école maternelle. Donc, je vais vous donner les deux minutes de rigueur pour que vous récitiez vos prières.

The BugsBunny/Road Runner Movie (1979)

L'ESSENTIEL

La plupart des gens considèrent le « positionnement » comme une chose artificielle imposée par des cinglés du marketing, assistés de consultants nuls, grassement payés. En vérité, le positionnement est plus que la gestion de l'extérieur ou un simple exercice ; c'est l'âme même d'une nouvelle organisation indiquant clairement :

- Pourquoi les fondateurs ont démarré l'organisation.
- Pourquoi les clients doivent être clients.
- Pourquoi les gens bien doivent y travailler.

Wile E. Coyote comprend la notion de positionnement mieux que la plupart des entrepreneurs : c'est un coyote et il va manger le lapin pour son déjeuner. Les organisations doivent aussi se positionner en expliquant ce qu'elles font. Ainsi, l'art du positionnement n'est rien de plus que répondre à une question simple :

Que faites-vous ?

Pour donner une bonne réponse, vous devez installer votre société sur un terrain en hauteur et montrer en quoi elle se distingue de la masse de vos concurrents. Ensuite, vous devez pouvoir communiquer votre message au marché. Vous allez apprendre dans ce chapitre à le faire sous une forme brève, différenciée et puissante.

INSTALLEZ-VOUS À LA BONNE HAUTEUR

Sauf si vous êtes un lapin en passe d'être dévoré par un coyote, un bon positionnement inspire et stimule. Il ne faut pas se laisser empêtrer dans des questions d'argent, de parts de marché et d'ego. Voici les qualités à rechercher :

Un ton positif. Entreprendre, ce n'est pas faire la guerre. Donc ne décrivez pas votre affaire en termes guerriers. Le dessein de votre société n'est pas de mettre en faillite une autre société. Les clients n'ont rien à faire de votre désir de détruire la concurrence. Ils veulent savoir quels avantages ils retireront d'être vos clients.

Centré sur le client. Le positionnement porte sur ce que vous faites pour vos clients – non ce que vous voulez devenir. Dire que votre entreprise est « une société de premier plan » c'est être centré sur soi, non sur le client. D'ailleurs ce n'est pas pratique : comment allez-vous prouver que vous êtes le leader ? Comment allez-vous empêcher une autre organisation de déclarer qu'elle aussi est le leader, comme vous ?

Tonique. Les employés doivent croire que votre positionnement permet d'améliorer le monde. Les employés d'eBay, par exemple, pensent qu'ils aident les gens financièrement. Cette attitude les pousse à se dépasser et à aimer se dépasser.

La Prius de Toyota est un bon exemple de positionnement sur le bon terrain. Propulsée par la combinaison d'un moteur électrique et d'un moteur thermique, la consommation en cycle combiné de la Toyota Prius est de 4,3 litres / 100 km. Elle n'est ni rapide, ni sexy, ni luxueuse. Mais elle n'est pas chère à l'achat ni coûteuse à l'utilisation. Ces qualités lui donnent un positionnement puissant et unique.

Si vous vous placez sur le bon terrain, un positionnement adéquat est un bon cheval. Il est pragmatique, avec des objectifs tactiques et stratégiques compréhensibles et crédibles pour les clients, les fournisseurs, les employés, les journalistes et les partenaires. Ainsi, un bon positionnement a également les qualités suivantes :

Evident. Un bon positionnement est sans ambiguité. Il exprime des notions simples comme « faire des économies », « augmenter ses revenus », aussi bien que des concepts plus nobles comme la tranquillité d'esprit, le perfectionnement personnel et la joie.

Spécial. Un bon positionnement vise un profil de client. Si vous en êtes un, vous comprenez immédiatement. Si vous n'en êtes pas, vous comprenez aussi. Par exemple, « améliorer la sécurité des sites Web » est d'un impact médiocre comparé à « réduire les risques de fraudes lors de transactions bancaires en ligne ».

Essentiel. Les compétences essentielles de votre organisation – non des produits ou services annexes – sont à la base d'un bon positionnement. Par exemple, le positionnement d'Apple Computer est sa capacité à créer des appareils innovants. Apple ne peut pas raconter une bonne histoire sur des services de conseil en technologie de l'information.

Adapté. Les compétences essentielles de la société ont pour pendant les besoins essentiels des clients. Si vos compétences et leurs besoins ne coïncident pas bien, votre organisation et votre positionnement n'auront pas grand attrait pour eux.

Durable. Le mauvais positionnement pour IBM à ses débuts aurait été : « Caisses enregistreuses pour les magasins ». Une décision bien pire a été de nommer une société « National Cash Registers[23] ». Visez un positionnement qui va durer cent ans.

Distinctif. Votre positionnement ne doit pas ressembler à celui de vos concurrents. Malheureusement, bien des sociétés créent un positionnement comme s'il n'y avait pas de concurrence ou comme si la concurrence était complètement incompétente : c'est rarement le cas. (Pour plus d'information sur ce sujet, voir la section « Appliquez le test des contraires » plus loin dans ce chapitre.)

Exercice

Revoyez votre positionnement. Choisissez votre réaction :

a) fier d'être parvenu à une précision laser sur qui vous êtes.

b) soulagé parce que vous avez mentionné toutes les parties et tous les clients possibles.

23. IBM est le sigle de International Business Machines. Bien qu'IBM vende plus que des « *business machines* », la société ne s'est pas enfermée dans le marché des caisses enregistreuses.

CHOISISSEZ VOTRE CRÉNEAU

> Quand Frank Winfield Woolworth ouvrit son premier magasin Woolworth's, un marchand dans la même rue essaya de combattre son nouveau concurrent. Il accrocha une pancarte « Nous sommes ici depuis cinquante ans ». Le lendemain, Woolworth mit aussi une pancarte « Ouvert depuis une semaine : pas de vieux stocks ».
>
> Peter HAY, *The Book of Business Anecdotes*

Beaucoup d'entrepreneurs essaient d'éviter les niches. Ils ont peur de s'exclure de domaines importants, d'atrophier leurs ventes et de mettre tous leurs oeufs dans le même panier. Ils cherchent à jeter leurs filets sur de grands marchés horizontaux parce qu'ils voient que des sociétés qui ont réussi ont une large assise, et ils supposent qu'ils doivent faire la même chose.

Prenons Microsoft, par exemple. Qui ne veut pas être Microsoft ? En 2004, après sa victoire contre le ministère de la Justice, Microsoft vend des systèmes d'exploitation pour les ordinateurs personnels, des serveurs, des PDAs et des téléphones, des logiciels applicatifs pour Windows et Macintosh, des accès en ligne, des jeux pour ordinateurs personnels, et il a sa ligne de consoles de jeu.

Vous pourriez penser que pour être le prochain Microsoft, il faut attaquer tous azimuts. Rien n'est plus faux. Pour construire le prochain Microsoft, vous devez partir d'une petite niche, établir une tête de pont[24] et, si vous avez de la chance, en sortir.

De plus, vous pourriez être tenté de penser que Microsoft a commencé en « ratissant large » et que c'est pour cela qu'il

24. Une tête de pont dans ce contexte est un marché qui est trop petit pour que les grands y soient déjà, mais assez important pour que en cas de succès, vous ayez la possibilité de construire une masse critique et devenir rentable.

domine l'industrie des ordinateurs. Rétablissons la vérité : Microsoft a commencé sur un créneau minuscule, par un langage de programmation, le BASIC, pour un système d'exploitation qui s'appelait le CPM.

En tant que *start-up*, vous essayez d'allumer un feu avec des allumettes, non avec un lance-flammes. Peu de *start-up* peuvent se permettre ou sont capables de manipuler un lance-flammes. En d'autres termes, placez la niche dans votre panier, laissez-la fructifier, placez une seconde niche dans le panier, laissez-la fructifier... et ainsi de suite. Bientôt, vous aurez toute une collection de niches qui s'ajouteront pour assurer votre prépondérance sur le marché.

Le schéma ci-dessous fournit le cadre conceptuel du marketing de niche. L'axe vertical représente la capacité de votre organisation à délivrer un produit ou un service unique. Plus vous êtes haut sur cet axe, meilleure est votre capacité à délivrer ce produit ou ce service. L'axe horizontal représente la valeur de votre produit ou de votre service pour le client. Plus vous allez sur la droite, plus ce produit ou ce service a de valeur pour le client.

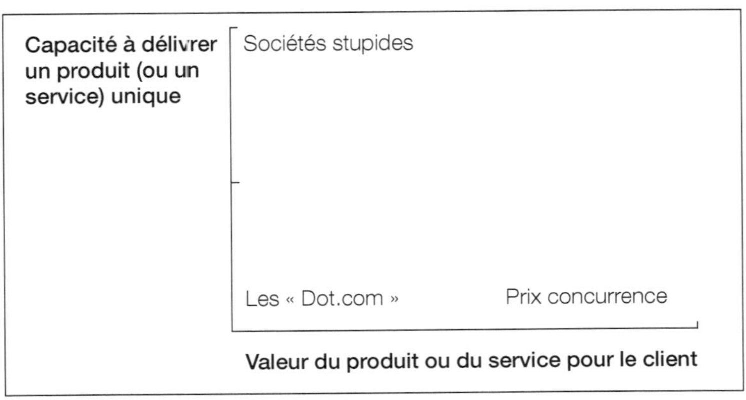

Analysons les quatre coins du schéma :

En haut à gauche. C'est la position que les sociétés stupides occupent. Elles fournissent des produits ou des services dont toute le monde se fiche, mais elles sont uniques.

En haut à droite. C'est le coin que vous voulez occuper. C'est là que vos clients vous apprécient et vos marges sont bonnes parce que vous fournissez une chose de façon unique qu'ils désirent vraiment.

En bas à gauche. On peut dire rétrospectivement que c'est le coin que beaucoup de sociétés de l'ère *dotcom* occupaient. Elles fournissaient des produits ou des services dont tout le monde se fichait et beaucoup de sociétés faisaient la même chose. A part cela, tout était formidable.

En bas à droite. Le problème pour ce coin est que la vie est une bataille de prix continue. Oui, les gens veulent acheter ce que vous faites, mais bien d'autres sociétés font la même chose. Vous pouvez réussir, mais la vie est un enfer.

Déterminer avec exactitude la place de votre société sur ce schéma est une tâche difficile. Pour la plupart, c'est un exercice où on exprime davantage ses désirs que la réalité : quels paramètres devons-nous prendre pour être dans le coin en haut à droite ? Vous seriez stupéfait par les critères choisis par les sociétés pour pouvoir s'y mettre, mais les seuls paramètres admissibles sont la valeur pour le client et la capacité à fournir un produit unique.

NE FAITES PAS DE COMPROMIS SUR VOTRE NOM

Un nom remarquable pour une entreprise, un produit ou un service, c'est comme la pornographie : c'est difficile à définir, mais vous savez quand vous voyez. Trouver un bon nom est plus facile que créer un produit ou service, mais ce n'est pas ce qu'on pense quand on regarde les horreurs qu'il y a partout.

Consacrez du temps et de l'énergie à trouver un bon nom car cela vous simplifie le positionnement. Voici quelques conseils :

Veillez à ce que la première initiale soit une des premières lettres de l'alphabet. Un jour, le nom de l'organisation, de votre produit ou celui de votre service apparaîtra dans une liste alphabétique. Il est mieux d'être au début qu'à la fin. Imaginez, par exemple, une foire exposition avec un millier d'exposants. Préférez-vous être dans le premier tiers ou le dernier tiers du catalogue ?

Aussi, évitez les mots qui commencent par un X ou un Z car il est difficile de les identifier quand on les entend. Par exemple, si vous avez entendu « Xylinx », allez-vous écrire « Xylinx » ou « Zylinx »[25] ?

Evitez les nombres. C'est une mauvaise idée pour les noms car les gens ne se souviendront pas s'ils doivent l'écrire en chiffres (123) ou en lettres (Un Deux Trois).

Choisissez un substantif qui peut devenir un verbe. Dans un monde parfait, votre nom entre dans la langue courante et devient un verbe. Par exemple, aux Etats-Unis, les gens xéroxent des documents – plutôt qu'ils ne les photocopient.

25. En anglais, la première syllabe de ces deux noms est phonétiquement identique : ('z-i) (NDT)

Pour prendre un exemple plus récent, les gens googlent les mots au lieu de les chercher sur Internet. Les noms qui marchent comme verbes sont courts (pas plus de deux ou trois syllabes) et ne sont pas une torture à prononcer.

Exercice

Regardez si le nom auquel vous pensez marche dans cette phrase : .... le.

Note sur les sigles et les acronymes : évitez les noms composés de plusieurs mots sauf si le premier mot a une sérieuse chance de devenir un verbe (par exemple, « Google Technology Corporation » serait encore bien) ou faites en sorte que le sigle soit un acronyme disant quelque chose d'intelligent. Par exemple, le nom « Hawaiian Islands Ministry », une organisation parareligieuse formant des pasteurs et des ministres du culte devient « HIM », ce qui un homonyme de *« hymn*[26] ». G.T.C n'est pas un acronyme ; HIM en est un.

Ayez une consonance différente. La consonance du nom ne doit pas ressembler à quelque chose d'autre. Voici un (mauvais) exemple : Claris, Clarins, Claritin, et Claria. Il est difficile de se rappeler quel nom se rapporte aux logiciels, aux cosmétiques, aux antihistaminiques ou au marketing en ligne. Même si vous vous en souvenez, il est probable que vous associerez les quatre mots, ce qui n'est pas bon dans trois cas sur quatre.

26. En américain *« Him »* (« Lui » en français) et *« hymn »* (« hymne » en français) se prononcent de la même façon. (NDT)

Soyez logique. Si vos noms doivent avoir une sonorité différente, il faut aussi qu'ils soient logiques. En d'autres termes, ils doivent avoir un rapport avec ce que vous faites. Un bon exemple de ceci est fourni par les Pokémon. Ils font partie des exemples les plus intelligents qu'on puisse trouver dans l'art de donner des noms. Prenez Racaillou et Excelangue par exemple.

Demandez à vos enfants de vous montrer les cartes de ces personnages : Charmillon, Delcatty, Libegon, and Serpang, et vous verrez ce que je veux dire quand je parle de noms logiques et de bon positionnement.

Evitez ce qui est à la mode. Le recul me permet de dire que nous avons fait deux erreurs concernant *« Garage Technology Ventures »*, que nous avons commencé en 1997. D'abord, nous avons appelé la société *« garage.com »*. Malheureusement, le terme *« dotcom »* a pris une connotation négative avec la débâcle Internet et s'est mis à désigner des sociétés dirigées par des gens dénués de sens des affaires sur des marchés sans *business model.*

La seconde erreur a été le « g » minuscule dans « *garage.com* ». C'était un acte ridicule de pseudo humilité, mais nous vivions une époque ridicule. Le problème était que la minuscule « g » était difficile à identifier dans un texte. Rien n'indiquait visuellement qu'il s'agissait d'un nom propre. On peut penser qu'une personne prénommée « Guy » aurait pensé à cela[27]. De plus, personne ne savait quoi faire quand une phrase commençait par « garage.com » : fallait-il mettre une majuscule ou non ?

La conclusion, même si on ne le sait parfois qu'après coup, est qu'il faut trouver des noms qui résistent au temps et qu'il vaut mieux dépenser son intelligence au développement des fonctionnalités de ses produits et de ses services.

27. Le mot *« guy »* en anglais qui est un mot familier pour dire « type », « mec » s'écrit et se prononce comme le prénom « guy. » (NDT)

Il y a des contre-exemples : regardez le nom *« Krispy Kreme*[28] ». Il ne commence pas par une des premières lettres de l'alphabet et *crispy* et *cream* sont mal orthographiés. De surcroît, les beignets de la société ne sont ni *crispy* (croustillants) ni *« creamy »* (crémeux). Ceci prouve qu'avec un produit génial, on peut surmonter n'importe quoi.

Un dernier exemple : J'ai vu un nom de société dans les toilettes à l'aéroport international de Calgary. La société vend des panneaux d'affichage dans les toilettes et son nom est « Flushmedia[29] ». Brillant.

SOYEZ PERSONNEL

Tout homme est Napoléon pour son chien ;
d'où la popularité continue des chiens.

Aldous HUXLEY

J'ai rencontré un entrepreneur qui voulait démarrer un service en ligne permettant de créer des fidéicommis pour les animaux domestiques. Sa préoccupation était que, parfois, les gens meurent avant leur animal. Son *pitch* tournait autour du fait que tous les ans aux Etats-Unis, on pratique l'euthanasie de neuf millions d'animaux domestiques.

Voici ma première réaction, en tant qu'investisseur : il est possible que neuf millions d'animaux domestiques soient mis à morts, mais tous ne le sont peut-être pas à la suite du décès de leur maître. Il est probable que ce ne soit le cas que de quelques-uns, me suis-je dit, et donc le marché n'est pas si grand qu'il le croit. Ma deuxième réaction, en tant que propriétaire d'un chien, Rocky Kawasaki, un boxer : cet

28. Il s'agit d'une chaîne américaine de beignets. (NDT)

29. *« Flush »* en anglais veut dire chasse d'eau. (NDT)

entrepreneur a raison – qu'arrivera-t-il à Rocky ? Il n'est sur aucun des fidéicommis ou des testaments de la famille.

Moralité : positionnez votre produit ou votre service aussi personnellement que possible. La question « Et Rocky ? » est beaucoup plus puissante que celle du sort réservé à neuf millions d'animaux domestiques. Si vous m'attirez par ma préoccupation personnelle pour mon chien, je peux extrapoler la réaction de millions de gens dans mon cas.

IMPERSONNEL	PERSONNEL
Notre système d'exploitation est un standard industriel qui permet aux départements informatiques de contrôler et réduire leurs coûts.	Notre système d'exploitation vous permet d'être plus créatif et plus productif.
Réduire la taille du trou d'ozone.	Vous protège du mélanome.
A partir de nos différents centres, des douzaines d'avions quadrillent les Etats-Unis.	Vous avez maintenant la liberté de vous déplacer dans tout le pays.
Améliorer la moyenne des enfants dans l'école de votre quartier.	Vous assure que Johnny saura lire.

Un positionnement est plus efficace quand il touche la corde personnelle, car le client potentiel n'a pas à faire d'effort d'imagination pour comprendre le besoin que satisfait un produit ou un service.

PARLEZ SIMPLEMENT

> Demandez-vous : Est-ce que ça a capté mon attention ? Soutenu mon intérêt ? Percé ma carapace ? Est-ce que ça me parle ? Cela s'adresse à « moi » ? Cela va-t-il droit au but ?
>
> ALLEN KAY, *virtuose de la publicité, sur ce qui fait une bonne annonce.*

Le P.-D.G. d'une société s'est présenté un jour à Garage avec le positionnement suivant : « En utilisant le protocole de gestion des clés de chiffrement Diffie-Hellman avec un modulo de 2048 bits et le Standard de chiffrement 3DES avec un modulo de 168-bit, nous fournissons une protection contre toute intrusion pour la voix numérique, le fax et la communication sans fil. »

Pour un expert en encryptage, cet énoncé aurait eu un sens. Pour nous autres, c'était comme si ce P.-D.G. nous avait parlé grec. Nous l'avons aidé à changer l'énoncé de son positionnement comme suit : « Nous assurons la sécurité de vos communications. »

Si le client m'avait laissé faire, j'aurais réduit cela au mantra « communications sécurisées ».

Quoi que vous vendiez et quels que soient les gens à qui vous voulez vendre, utilisez un vocabulaire simple pour décrire ce que vous faites. C'est vrai, le jargon technique est peut-être l'esperanto dans votre industrie, mais il y a bien d'autres gens que les initiés, et ils doivent comprendre ce que vous faites.

Exercice

Supprimez tous les sigles et acronymes dans l'énoncé de votre positionnement. Est-il plus faible pour autant ?

APPLIQUEZ LE TEST DES CONTRAIRES

La plupart des sociétés utilisent les mêmes mots pour décrire leur produit ou leur service. A croire qu'elles font toutes l'hypothèse que les prospects ont vécu pendant des lustres sur une île déserte et n'ont jamais entendu décrire un produit ou un service comme étant « de qualité supérieure », « robuste », « facile à utiliser », « rapide » ou « sûr ».

Pour prendre la mesure de ce que je veux dire, appliquez le test des contraires : la description de votre offre est-elle contraire à celle de vos concurrents ? Si c'est oui, alors vous dites quelque chose de différent. Si c'est non, alors votre description est faible.

Par exemple, il serait bien que vous décriviez votre produit comme étant « intuitif, sûr, rapide et extensible» si la concurrence décrivait le sien comme étant « difficile à utiliser, vulnérable, lent et limité ». Mais comme ce n'est probablement pas le cas, vous ne dites rien.

Une bien meilleure façon de mettre votre produit en valeur est de présenter des preuves concrètes qui permettent aux gens d'en déduire ses qualités uniques.

ADJECTIF	LA PREUVE A L'APPUI
Intuitif	Vous pouvez l'installer en une journée et les utilisateurs finals n'ont pas besoin de formation.
Sûr	Personne ne l'a jamais craqué.
Rapide	Les résultats dans le monde réel montrent une amélioration du débit par cinq.
Extensible	Jusqu'à 20.000 transactions par seconde.

Evidemment, il y a des cas où vous n'avez pas le luxe d'exprimer votre point de vue avec tant de mots. Mais cet inconvénient ne justifie pas que vous vous rabattiez sur des platitudes ou des adjectifs creux. Trouvez une formulation originale, offrez des arguments à l'appui de ce que vous dites et cessez de penser qu'il n'y a que votre produit qui soit *intuitif, sûr, rapide et extensible.*

FAITES SUIVRE LE MESSAGE EN CASCADE

Positionner une entreprise est un processus exigeant, mais le jeu en vaut la chandelle. Il est dommage que bien des sociétés s'y emploient dans un premier temps et qu'ensuite, elles ne fassent pas grand-chose d'autre que d'envoyer des circulaires intérieures insipides, ou se contentent de répéter ce positionnement dans un rapport annuel. Dommage.

Le point fondamental en matière de positionnement est de veiller à ce que tout le monde le comprenne, des gens du marketing à ceux qui sont à la tête de l'organisation en passant par les intérimaires et les consultants extérieurs. Le moyen de s'en assurer est de produire un document bref et de le discuter dans les réunions opérationnelles. Les cadres doivent s'assurer que les employés le connaissent. Pensez à une cascade qui tombe de la montagne – il n'y a pas que le sommet à être mouillé.

Exercice

Demandez à votre réceptionniste ce que fait votre entreprise.

Crédit supplémentaire

Demandez aux employés que vous venez d'engager pourquoi ils ont rejoint la société. Leurs réponses fournissent le fil directeur pour un positionnement qui est à la fois bon et juste, parce qu'ils ont une autre optique, qui regarde sur l'extérieur.

Bien sûr, n'oubliez pas les membres du conseil d'administration et les conseillers. Vous seriez surpris du nombre d'administrateurs incapables de décrire concrètement ce que fait une entreprise. On peut penser que parce qu'ils font « fonctionner » la boîte, ils doivent exactement connaître sa mission. En fait, ils sont habituellement très éloignés de la réalité de ce qui s'y passe – et plus encore de ce qui devrait s'y passer.

Bref, communiquer le positionnement n'est pas seulement la tâche du marketing ou de la direction : c'est l'affaire de chaque employé. C'est si important que vous devez renouveler ce processus parce que les employés vont et viennent – et même ceux qui restent ont besoin qu'on rafraîchisse ce positionnement. Tous les six mois est la bonne fréquence.

AVANCEZ AVEC LE FLUX

Même s'il est exact que vous ne pouvez pas laisser le marché vous positionner, il est aussi vrai que vous ne pouvez pas « contrôler » votre positionnement.

Vous faites de votre mieux pour élaborer un bon message et le répercuter auprès de vos employés, clients et partenaires. Cependant le marché fait quelque chose qui est étrange, puissant, parfois frustrant, mais souvent fantastique : il décide tout seul. Ceci peut arriver car des clients que vous ne pensiez pas avoir utilisent votre produit ou votre service d'une façon à laquelle vous ne vous attendiez pas. Par exemple, un ordinateur qui, avec un tableur, un traitement de texte et une base de données devient l'outil d'une maison d'édition.

Quand ceci arrive, d'abord ne paniquez pas et ensuite écoutez ce que le marché est en train de vous dire. Il vous a peut-être fait une fleur et trouvé un positionnement naturel pour vous. Pouvez-vous vous en accommoder ? Il est préférable d'avancer avec le flux plutôt que d'essayer de consolider le positionnement contre-nature que vous avez concocté.

Exercice

1. Décrivez en un paragraphe l'expérience d'un client utilisant votre produit ou votre service.

2. Appelez un client et demandez-lui de décrire en un paragraphe son utilisation de votre produit ou de votre service.

3. Comparez les deux descriptions.

FAQ

Q. Dois-je utiliser une société de relations publiques pour définir le message de positionnement de mon organisation ?

R. Ne donnez jamais le positionnement à une société de relations publiques (ou quelque organisme extérieur que ce soit). C'est une fonction trop importante pour qu'on la délègue. Le positionnement est une tâche fondamentale. Donc, ne vous dérobez pas.

Q. Y a-t-il un avantage stratégique à apparaître comme « le petit » ? Ou bien dois-je projeter une image plus importante, plus établie ?

R. Le mensonge n'est pas extensible. Une fois que vous avez commencé à tromper les gens, vous devez vous souvenir de vos mensonges, quelque chose qui se révèlera être de plus en plus complexe au fur et à mesure que vous rencontrerez plus de gens. Projetez l'image de qui vous êtes. Cela ne veut pas dire que vous devez faire l'impossible pour avoir l'air sous-capitalisé, prématuré et faible, mais n'essayez pas de vous comporter comme General Motors si vous n'êtes pas General Motors.

Q. Devons-nous tenir compte de la disponibilité des noms de domaines quand nous cherchons un nom pour l'entreprise ?

R. Oui, absolument. Ce n'est pas seulement « sympa » d'avoir un nom de domaine. Il est essentiel que vous en ayez un que les clients, partenaires et investisseurs puissent se rappeler facilement et utiliser.

Q. Dois-je anticiper et prendre en compte une stratégie de sortie quand je pense au positionnement ?

R. Je ne sais pas comment une stratégie de sortie (une chose sur laquelle vous n'avez pas de contrôle) devrait changer votre positionnement. Construisez une excellente organisation – et une de ses caractéristiques est un bon positionnement. Ne vous préoccupez pas des stratégies de sortie – et en tout état de cause, ne vous préoccupez pas de savoir si une stratégie de sortie peut ou doit affecter votre positionnement.

LECTURES RECOMMANDEES

TROUT (Jack), *The New Positioning: The Latest on the World's #1 Business Strategy*. New York: McGraw-Hill, 1995.

Chapitre III
L'art de faire une présentation

Réformez un peu votre réponse,
de peur qu'elle ne nuise à votre fortune.

SHAKESPEARE, King Lear

L'ESSENTIEL

Oubliez « Je pense, donc je suis ». Pour les entrepreneurs, le mot d'ordre est : « Je fais un *pitch*[30], donc je suis ». Savoir faire un *pitch* n'est pas seulement utile pour lever des fonds, c'est essentiel pour arriver à un accord sur n'importe quel sujet. Un accord peut produire divers résultats : le fait que la direction acquiesce au développement d'un produit ou d'un service, la conclusion d'une vente, la mise en place d'un partenariat, le recrutement d'un employé ou l'obtention d'un investissement.

Question : Comment voyez-vous si un entrepreneur est en train de faire un *pitch* ?

Réponse : Ses lèvres bougent.

Je suis depuis longtemps l'apôtre de l'art de faire de meilleurs *pitchs* car je souffre d'un trouble auditif, l'acouphène[31], qui consiste en un tintement constant dans mon oreille droite. J'ai vu une quantité de spécialistes et la conclusion est que personne n'en connaît la cause – et ne sait comment le soigner.

30. Le mot *pitch*, en anglais comme en américain, a de multiples sens. L'un d'eux est le fait de raconter une histoire avec facilité et en exagérant un peu pour retenir l'attention. Dans le jargon des jeunes entreprises, un *pitch* est la présentation concise, compréhensible et convaincante de ce que fait une société. Selon le contexte, nous avons utilisé « présentation » ou gardé *pitch*, un mot assez rare en France, mais très commun dans le français de la Silicon Valley. (N.D.T.)

31. L'acouphène est défini par *Le Petit Larousse* comme suit : « Sensation auditive (bourdonnement, sifflement, etc.) perçue en l'absence de tout son extérieur. » (NDT)

On m'a dit de réduire le sel (aucune chance pour un Américain japonais qui adore la soupe de *miso* et le sushi), de diminuer ma consommation de chocolat, de vin et de fromage (aucune chance pour un Américain japonais qui vit en Californie), de me faire moins de souci et de dormir davantage (aucune chance pour le P.-D.G. d'une société de technologie dans la Silicon Valley). J'ai une autre explication à ce mystère médical : j'ai ce tintement parce que j'ai écouté des milliers de *pitchs* nuls.

L'essence du bon *pitch* est de démarrer vite, d'expliquer la pertinence de ce que vous faites, de rester à un haut niveau, d'être attentif à la réaction de l'auditoire et ensuite de continuer à parler jusqu'à ce que vous ayez le bon message. Dans ce chapitre, vous allez apprendre comment présenter votre société, votre produit ou votre service plus brièvement, plus simplement et mieux.

DITES QUI VOUS ETES DES LA PREMIERE MINUTE

Je ne me suis jamais surpris à écouter le *pitch* d'un entrepreneur voulant lever des fonds, d'un employé essayant de gagner l'approbation de sa direction pour un nouveau produit, ou d'un représentant d'une organisation caritative espérant s'assurer une allocation, en me disant : « *J'aurais bien voulu que le présentateur m'ait raconté l'histoire de sa vie pendant les quinze premières minutes.* » Pendant que vous passez votre temps à vous échauffer, votre auditoire se pose une question : « *Que fait son entreprise ?* »

Cette information, c'est l'ancrage, la fondation ou la tête de pont – utilisez la métaphore que vous voulez – dont votre auditoire a besoin si vous voulez que le *pitch* marche bien. Faites plaisir à tout le monde : répondez à cette question dans la première minute. Une fois qu'on sait ce que vous faites, on peut écouter tout le reste avec plus de concentration et vous autoriser quelques digressions.

Exercice

Mettez le sablier à une minute. Faites votre *pitch* courant jusqu'à ce que le sablier montre que le temps s'est écoulé. Demandez à votre auditoire d'écrire une phrase expliquant ce que fait votre société. Rassemblez les réponses et comparez-les avec ce que vous pensez avoir dit.

Malheureusement, beaucoup d'entrepreneurs croient encore qu'une présentation commence par une autobiographie. C'est à partir de cette histoire sincère que l'auditoire est censé deviner le domaine d'activité de l'entreprise et le produit.

Détrompez-vous. Les choses marchent dans l'autre sens : établissez d'abord ce que vous faites, et ensuite votre auditoire peut saisir les données de votre affaire ou, au moins, les imaginer. Soyez clair dès le début de votre *pitch* et ne laissez pas le soin à quiconque de deviner ce que vous faites. Soyez bref et gentil :

- Nous vendons du logiciel.
- Nous vendons du matériel.
- Nous éduquons les enfants défavorisés.
- Nous sommes des pêcheurs.
- Nous prévenons la maltraitance d'enfants.

REPONDEZ AU PETIT BONHOMME

Bill Joos, mon collègue à Garage, m'a dit que, lorsqu'il a commencé sa carrière à IBM, la société l'avait formé à s'imaginer qu'il y avait un petit bonhomme sur son épaule pendant les présentations. Toutes les fois que Bill disait quelque chose, le petit bonhomme[32] lui chuchotait, « Et alors ? »

Tout entrepreneur devrait porter un petit bonhomme sur son épaule et l'écouter. Malheureusement, la plupart des gens n'ont pas de petit bonhomme ou, comme moi, souffrent d'acouphène. N'oubliez pas ceci : la signification de ce que vous dites ne va pas toujours de soi et provoque encore moins le choc ou l'admiration.

Toutes les fois que vous énoncez quelque chose, imaginez la question du petit bonhomme. Après lui avoir répondu, enchaînez avec les deux mots les plus puissants de votre *pitch* : « Par exemple...[33] » et indiquez alors un scénario d'utilisation de votre produit ou service dans le monde réel.

Rien dans un *pitch* n'est plus puissant que l'alliance de la question « Et alors ? » avec ces deux mots « Par exemple... ».

32. Allusion à un livre de MOKHER SFORIM (Mendele) (S. Y. ABRAMOVITSH) publié en 1865. (NDT)

33. C. BORDEN (Richard), *Public Speaking–As Listeners Like it!* (New York: Harper & Brothers, 1935), 53.

VOUS AVEZ DIT	LE PETIT BONHOMME A DEMANDÉ	VOUS LUI AVEZ RÉPONDU	PUIS VOUS AVEZ ÉLABORÉ
« Nous utilisons un processeur de signal numérique dans nos appareils acoustiques ».	« Et alors ? »	« Notre produit améliore la netteté des sons ».	« Par exemple, si vous êtes dans un cocktail et que plusieurs conversations se déroulent autour de vous, vous pourrez entendre ce que les gens vous disent ».
« Nous fournissons une méthode de chiffrement utilisant des clés de 128 bits dans un appareil portable ».	« Et alors ? »	« Il est sacrément difficile de craquer notre système ».	« Par exemple, si vous êtes dans une chambre d'hôtel et vous voulez avoir une conversation téléphonique sécurisée avec le siège social. »
« Madame… (nom célèbre) fait partie de notre groupe de conseillers ».	« Et alors ? »	« Ce que nous faisons est suffisamment intéressant pour attirer une sommité ».	« Par exemple, elle nous a déjà ouvert des portes dans son secteur industriel ».
« Nous utilisons les méthodes Montessori dans notre nouvelle école ».	« Et alors ? »	« Notre école traite les enfants comme des individus et leur permet d'apprendre à gérer leurs études de façon indépendante ».	« Par exemple, nous permettons aux enfants doués dans certaines disciplines d'avancer plus rapidement que les autres élèves ».

CONNAISSEZ VOTRE AUDITOIRE

Les entrepreneurs novices pensent qu'un super *pitch* doit immédiatement générer des sécrétions de mâle. C'est faux. A la base d'un *pitch* excellent, il y a vos recherches avant la réunion.

D'abord, sachez ce qui est important pour votre auditoire. Vous pouvez obtenir cette information de la personne qui a parrainé la rencontre en lui posant à l'avance les questions suivantes :

• Quelles sont les trois choses les plus importantes que vous voulez savoir sur notre société ?

• Qu'est-ce qui vous a attiré dans notre idée et convaincu de nous donner l'opportunité de nous rencontrer ?

• Y a-t-il des problèmes particuliers, des questions ou des sujets scabreux sur lesquels je devrais être plus particulièrement préparé ?

• Quel est la personne la plus âgée de la réunion ? (Vous allez bientôt savoir pourquoi.)

En second lieu, visitez le site Web de l'entreprise, faites des recherches par Google, lisez des rapports et discutez avec vos contacts dans l'industrie pour réunir les informations essentielles sur votre auditoire. Voici les éléments à examiner :

• Données sur l'organisation. Quelle est sa mission ? Quelle est son histoire ? Qui l'a financée ? Qui l'a fondée ?

• Dirigeants. Qui y travaille ? Où travaillaient-ils auparavant ? Quelles écoles ont-ils fréquenté ? Dans quels conseils d'administration ou autres organisations sont-ils aussi ?

• Initiatives en cours. Les questions sur ce sujet dépendent du type d'entreprise que vous lancez et de ce que vous cherchez à obtenir. D'une manière générale, vous devez déterminer avec exactitude ce que fait l'organisation et quelles sont ses orientations.

En troisième lieu, faites du *brainstorming* avec votre équipe pour trouver les relations, les accroches et les angles qui donneront de l'impact et du sens à votre *pitch*. Il y a des mutiples possibilités, mais les saisir au moment où vous êtes devant votre auditoire est difficile. Il est capital de faire cette recherche avant, quand vous n'êtes pas sous pression.

OBSERVEZ LA REGLE DES 10/20/30

Je n'ai jamais entendu un *pitch* trop court. Un *pitch* n'est jamais trop court car, s'il est bon, il va inciter ceux qui vous écoutent à poser des questions. Voici des directives utiles pour le contenu, la longueur, et la taille des caractères :

- Dix diapos.
- Vingt minutes.
- Taille des caractères pour le texte : 30 points.

Dix diapos

Estimez-vous heureux si votre auditoire se souvient d'une chose : ce que fait votre entreprise. Rien qu'avec cela, il y a 90 % de chance que votre *pitch* soit meilleur que celui de la concurrence. Vous devez en dire « assez », mais pas tout.

« Assez » veut dire suffisamment pour préparer l'étape suivante – quelle que soit cette étape. Quand on cherche de l'argent, l'étape suivante consiste à rencontrer d'autres partenaires de la firme. Quand on vend, l'étape suivante est une installation à l'essai ou un petit achat. Quand on construit un partenariat, l'étape suivante est de rencontrer plus de gens dans le groupe.

Comprenez bien ceci : le but d'un *pitch* est de provoquer l'intérêt, non de conclure une affaire. Ainsi, le nombre recommandé de diapos est réduit – de l'ordre de dix. Ce nombre, apparemment impossible à respecter, vous force à vous concentrer sur ce qui est absolument essentiel. Vous pouvez en ajouter, mais ne dépassez jamais les vingt. Moins vous aurez besoin de diapos, plus votre idée sera irrésistible.

Les tableaux qui suivent vous montrent les diapos à avoir pour trois types de *pitch* s'adressant :

- à un investisseur pour des organismes commerciaux ou caritatifs.
- à un prospect.
- à un partenaire potentiel.

PITCH À UN INVESTISSEUR (POUR DES ORGANISMES COMMERCIAUX OU CARITATIFS)

DIAPO	CONTENU	COMMENTAIRES
Titre	Nom de l'organisme, votre nom, votre titre et les informations pour vous contacter.	L' auditoire est capable de lire la diapo – où vous expliquez ce que fait votre établissement. « Nous vendons du logiciel ». « Nous vendons du matériel ». « Nous sommes une école ». « Nous sommes une église ». « Nous protégeons l'environnement ». Allez droit au but !
Problème	Décrivez le problème que vous allez résoudre.Le but est que les gens hochent la tête et « achètent ».	Evitez d'avoir l'air d'une solution à la recherche d'un problème. Minimisez ou éliminez les références aux études de consultants sur la taille potentielle du marché.
Solution	Expliquez comment vous résolvez le problème et le sens que vous créez. Assurez-vous que votre auditoire comprend ce que vous vendez et la valeur de votre proposition.	Ce n'est pas le lieu pour une explication technique détaillée. Donnez juste une idée sur la manière dont vous allez résoudre le problème. Par exemple, « Nous sommes un site Web pour les voyages économiques. Nous avons écrit un logiciel qui examine les sites de voyagistes et compile leurs prix dans un rapport ».

Business model	Expliquez comment vous allez faire de l'argent : qui vous paie, vos canaux de distribution et vos marges brutes.	En général, un business model unique et non testé est une proposition qui fait peur. Si le vôtre est vraiment révolutionnaire, expliquez-le en des termes familiers. C'est l'occasion de donner les noms des sociétés qui utilisent déjà votre produit ou votre service.
Magie sousjacente	Décrivez la technologie, les ingrédients ou la magie sous-jacente à votre produit ou à votre service.	Moins il y a de texte sur la diapo, plus il y a de figures, schémas et tableaux, mieux c'est. Les livres blancs et les témoignages opérationnels sont utiles ici.
Marketing et ventes	Expliquez comment vous allez atteindre votre client et créer des effets de levier.	Convainquez votre auditoire que vous avez une stratégie d'approche du marché efficace qui ne va pas coûter une fortune.
Concurrence	Fournissez le paysage complet de la concurrence. Trop est mieux que trop peu.	Ne traitez pas la concurrence à la légère. Les clients, les investisseurs, les employés – tous veulent savoir, pourquoi vous êtes bon, non pourquoi les concurrents sont mauvais.
Equipe de direction	Décrivez les personnes-clés de l'équipe de direction, les membres du conseil d'administration, les conseillers et les investisseurs principaux.	N'ayez pas peur de vous présenter avec une équipe imparfaite. Toutes les start-up ont des trous dans leur équipe – ce qui est vraiment important c'est de savoir si vous en êtes conscient et si vous êtes désireux de les combler.
Projections financières et chiffres clés	Fournissez des prévisions sur cinq ans non seulement en termes de revenus, mais aussi pour les chiffres-clés, comme le nombre de clients et le taux de conversion des prospects.	Faites des prévisions à partir des faits (pour plus de détails, voir L'art de démarrer sans argent au chapitre 5). Tenez compte de cycles de vente longs et des effets de saisonnalité. Aider les gens à comprendre les hypothèses qui sous-tendent vos prévisions est aussi important que les chiffres que vous avez avancés.
Situation actuelle, accomplissements à ce jour, calendrier et utilisation des fonds levés.	Dites où en est votre produit ou votre service, comment vous voyez le futur proche et comment vous allez utiliser.	Donnez des précisions sur votre bon démarrage. Puis utilisez cette diapo pour une conclusion orientée vers l'action.

Un mot sur la question de la liquidité : bien que les entrepreneurs ne sachent pas quand ils y parviendront (ni s'ils y parviendront), nombreux sont ceux qui croient devoir inclure une diapo disant : « Il y a deux options de liquidité : une entrée en bourse ou la vente. » Vous parlez d'une information ! Si un investisseur vous demande quelle est votre stratégie de sortie, c'est souvent le signe qu'il est plutôt nul. Si votre réponse est l'une de ces deux options, c'est que vous avez beaucoup en commun avec lui.

Le seul cas où vous devez inclure une diapo sur ce sujet, c'est quand vous êtes capable de donner la liste de cinq acquéreurs potentiels qu'il est improbable que cet investisseur connaisse - cela montre que vous connaissez vraiment votre secteur d'activité. En revanche, dire que Microsoft, ou le Microsoft de votre domaine, va vous racheter effraiera tout le monde, à part les investisseurs les plus idiots.

A la suite de vos dix diapos, vous pouvez en avoir quelques-unes donnant plus de précisions sur votre technologie, vos plans marketing, vos clients ou d'autres points-clés de votre stratégie. Si on vous demande d'aller plus en profondeur, c'est pratique d'avoir ces diapos sous la main. Cela dit, elles ne font pas partie du groupe des dix diapos les plus importantes.

PITCH POUR UN PROSPECT

DIAPO	CONTENU	COMMENTAIRES
Titre	Nom de l'entreprise, votre nom, votre titre et les informations pour vous contacter.	L' auditoire est capable de lire la diapo - où vous expliquez ce que fait votre organisation. "Nous vendons du logiciel". "Nous vendons du matériel". "Nous sommes une école". "Nous sommes une église". "Nous protégeons l'environnement". Allez droit au but !
Problème	Décrivez au client le problème que vous allez résoudre.	Assurez-vous que vous mettez bien l'accent sur le problème du client.
Solution	Expliquez comment vous résolvez ce problème.	Ce n'est pas le lieu pour une explication technique détaillée. Donnez juste une idée sur la manière dont vous allez résoudre le problème.
Business model	Assurez-vous que votre auditoire comprend clairement ce que vous vendez et la valeur de votre proposition.	C'est l'occasion de donner le nom des entreprises qui ont déjà acheté votre produit ou votre service. Si vous avez un exemple solide, ajoutez une diapo "Clients actuels".
Technologie	Décrivez la technologie, les ingrédients, ou la magie sous-jacente à votre produit ou à votre service.	Moins il y a de texte sur la diapo, plus il y a de figures, schémas et tableaux, mieux c'est. Des livres blancs et des témoignages opérationnels sont utiles ici.
Démonstration	A ce stade, si c'est possible, enchaînez avec une démonstration *live* de votre produit ou de votre service.	Une démonstration, si vous êtes capable d'en faire une bonne, remplace mille diapos.
Analyse de la concurrence	Fournissez le paysage complet de la concurrence. Trop est mieux que trop peu.	Identifiez préalablement le produit (ou service) concurrent utilisé par le *prospect*. Mieux, essayez de savoir les problèmes qu'il rencontre quand il l'utilise. Cela dit, ne traitez pas la concurrence à la légère. Les clients veulent savoir pourquoi vous êtes bon, non pourquoi les concurrents sont mauvais.
Equipe de direction	Décrivez les personnes-clés de l'équipe de direction, les membres du Conseil d'Administration, les conseillers et les investisseurs principaux.	Le but est de faire en sorte que le *prospect* se sente à l'aise à l'idée de travailler avec une *start-up*.
Etapes suivantes	Terminez votre présentation par une invitation à l'action, comme une période d'essai ou une installation test.	

PITCH POUR UN PARTENAIRE POTENTIEL

DIAPO	CONTENU	COMMENTAIRES
Titre	Nom de l'organisation, votre nom, votre titre et les informations pour vous contacter.	L' auditoire est capable de lire la diapo - où vous expliquez ce que fait votre société. "Nous vendons du logiciel". "Nous vendons du matériel". "Nous sommes une école". "Nous sommes une église". "Nous protégeons l'environnement". Allez droit au but !
Problème	Décrivez le problème que vous résolvez pour le client.	Assurez-vous que le partenaire potentiel vend ou veut vendre au même client que vous.
Solution	Expliquez comment vous résolvez ce problème pour le client et comment vous feriez un travail encore meilleur grâce à ce partenariat.	Le but est de montrer au partenaire potentiel que 2 + 2 = 5.
Modèle de partenariat	Expliquez comment le partenariat pourrait marcher: qui fera quoi, quand, comment et pourquoi.	Cette diapo doit développer les effets positifs créés par la diapo précédente - rendre la synergie de plus en plus apparente et séduisante.
Magie sous-jacente	Décrivez la technologie, les ingrédients secrets, ou la magie cachée dans votre produit ou votre service.	Moins il y a de texte sur la diapo, plus il y a de figures, de schémas et de tableaux, mieux c'est. Le but est de convaincre le partenaire potentiel que vous avez quelque chose de particulier.
Démonstration	A ce stade, si c'est possible, enchaînez avec une démonstration *live* de votre produit ou de votre service.	Comme pour les clients, une démonstration, si vous êtes capable d'en faire une bonne, vaut mille diapos.
Concurrence	Cette diapo est optionnelle. Vous pouvez la laisser tomber pour éviter d'informer votre partenaire potentiel sur des organisations meilleures avec lesquelles il pourrait travailler.	
Equipe de direction	Décrivez les personnes-clés de l'équipe de direction, les membres du Conseil d'Administration, les conseillers et les investisseurs principaux.	Le but est de faire en sorte que le partenaire potentiel se sente à l'aise à l'idée de travailler avec une *start-up*.
Etapes suivantes	Terminez votre présentation par une invitation à l'action, comme une période d'essai ou une installation test.	

Vingt minutes

Les réunions sont généralement prévues pour durer une heure. Vous devez cependant être capable de donner votre *pitch* en vingt minutes. Il y a deux raisons à cela. D'abord, il se peut que vous n'ayez pas une heure complète si la réunion précédente a pris du retard.

Ensuite, vous voulez avoir du temps pour la discussion. Peu importe qu'il s'agisse d'une présentation en vingt minutes suivie d'une discussion de quarante minutes ou d'une séquence diapo/discussion, diapo/discussion, diapo/discussion. Mais il n'y a pas de scénario où vous pouvez utiliser quarante-cinq diapos dans une réunion d'une heure, sauf si la réunion ne marche pas bien.

Vous pensez sans doute que Guy parle des gens du commun, des ploucs et des guignols. « Eux, ils devraient n'utiliser que dix diapos et vingt minutes, mais pas nous. Nous, nous avons une technologie qui représente un bond en avant, fait changer les comportements, est inédite et en passe d'être brevetée ».

C'est à vous que je m'adresse. Peu m'importe que vous vendiez de la nourriture pour chien, la vie éternelle, des nanoparticules, des composants optiques ou le remède contre le cancer : dix diapos et vingt minutes, c'est tout ce que avez.

Taille des caractères : 30 points

Cette recommandation s'adressait à l'origine aux entrepreneurs faisant un *pitch* à des capital-risqueurs, mais elle vaut pour toute réunion où vous présentez votre entreprise en utilisant un projecteur. Pensez à ceci : les capital-risqueurs qui ont survécu au carnage des *dotcom* ont probablement plus de quarante ans et une vue qui se détériore. La bonne méthode de calcul est de diviser l'âge de l'investisseur le plus âgé par deux et d'utiliser ce nombre pour la taille des caractères.

Exercice

Détruisez les textes de moins de quatorze points dans votre présentation. Ce qui reste est ce que peut lire votre auditoire.

Pour parler sérieusement, si vous utilisez une petite taille, c'est que vous donnez trop d'informations sur la diapo. Chaque diapo doit décrire un point principal. Le texte et les puces doivent servir de soutien à ce point.

Utilisez les diapos comme un fil directeur, non comme un document à lire. Elles doivent confirmer ce qui sort de votre bouche car les gens lisent plus rapidement que vous ne parlez. Si vous mettez trop d'informations sur la diapo, l'auditoire va lire en avance et n'écoutera pas ce que vous dites.

PLANTEZ LE DECOR

S'il n'y a pas de projecteur quand vous arrivez à une réunion, c'est votre faute. Si votre ordinateur portable et le projecteur ne marchent pas ensemble, c'est votre faute. Si l'ampoule saute au milieu de votre *pitch*, c'est votre faute. Si vous démarrez lentement, semblez désorganisé et paraissez en déroute, c'est votre faute.

Il est presque impossible de se relever d'un mauvais départ, donc arrivez en avance et plantez le décor. Apportez votre projecteur personnel. Chargez votre présentation sur deux portables. Apportez une copie de votre présentation sur une clé USB de sauvegarde. Apportez des versions imprimées de votre présentation pour le cas où tout irait de travers et rien ne marcherait.

Les premiers mots que vous devez prononcer doivent être :

- « Combien de temps avez-vous ? » Cette question montre que vous respectez les contraintes horaires de votre auditoire.

• « Quels sont les trois points qui vous importent le plus ? » (Vous devez le savoir à l'avance, mais ce n'est pas plus mal de vous en assurer de nouveau.)

• « Puis-je faire rapidement ma présentation PowerPoint et répondre aux questions à la fin ? Cela dit, n'hésitez pas à m'interrompre si vous le souhaitez ».

Si vous plantez le décor de telle sorte que tout le monde est sur la même longueur d'onde, vous êtes en bonne posture.

LAISSEZ UNE SEULE PERSONNE PARLER

Les entrepreneurs ont en tête que les investisseurs, clients et partenaires veulent travailler avec des équipes et que les équipes doivent montrer – devinez quoi ? – un travail d'équipe. Sur cette base, ils croient que quatre ou cinq personnes de leur société doivent assister à la réunion et que chacune doit y jouer son rôle parce que cela montre que l'équipe fonctionne bien.

C'est une logique fantastique pour une pièce de théâtre dans une école : chaque enfant a son rôle. Les parents et les grands-parents ont l'occasion de prendre leurs photos. Tout le monde participe. La vie est belle et équitable. Mais, un *pitch* n'est pas une pièce de théâtre dans une école.

Dans un *pitch*, le P.-D.G. doit avoir 80 % du temps de parole. Le reste de l'équipe (et il ne doit pas y avoir plus de deux personnes en sus) peut présenter la diapo ou éventuellement les deux diapos qui relèvent très spécifiquement de sa compétence. Vos collaborateurs peuvent donner des réponses détaillées si besoin est. Mais si le P.-D.G. ne peut pas prendre en charge la plus grosse partie du *pitch* lui-même, il doit s'exercer à le faire jusqu'à ce qu'il en soit capable. Ou bien, cherchez un nouveau patron.

Souvent les membres de l'équipe essayent de venir au secours du P.-D.G. si l'auditoire ne souscrit pas à ce qu'il dit. Par exemple, supposez que quelqu'un veuille discuter votre système de distribution pour la vente de vos produits. Un membre de l'équipe, avec les meilleures intentions du monde, déclare : « Je pense que vous avez raison. Cela fait longtemps que je crois que nous devrions vendre directement au client ».

Mauvaise idée. Cette intervention ne montre pas de la flexibilité, un environnement ouvert ou une compétence étendue. Elle montre un manque de cohésion. La seule bonne réponse doit venir du P.-D.G. et consister en ceci, « Vous soulevez une bonne question. Puis-je revenir vers vous sur ce sujet ? »

SUSCITEZ L'IMAGINATION

Tous les entrepreneurs – je dis bien tous – viennent à Garage avec un *pitch* où trois ou quatre diapos « valident » la taille du marché. Généralement ces diapos comportent des citations d'analystes connus, comme le Gartner, IDG ou le Yankee Group, disant que la taille du marché des crevettes d'élevage sera de 50 milliards de dollars dans les quatre ans.

Voici ce qu'il y a de cocasse dans ce genre de diapos :

- N'importe quel marché sera d'au moins 50 milliards de dollars.
- On parle de l'avenir à quatre ou cinq ans. L'horizon est assez proche pour que la prévision soit crédible, mais suffisamment éloigné pour que rien ne soit validé.
- Personne dans la salle, pas même l'entrepreneur, ne croit à ces chiffres ou ne pense qu'ils sont particulièrement pertinents.

Il y a deux solutions. La première est de commencer avec ces cinquante milliards et de les décortiquer jusqu'à ce que vous arriviez à un marché total ciblé ou « MTC ». Ce MTC est la taille véritable du marché potentiel que vous visez, non le total de chaque centime dépensé sur un marché qui a un rapport avec votre produit ou votre service.

Par exemple, le MTC d'un nouveau bar à sushi n'est pas les cinquante milliards dépensés par les Américains qui sortent pour dîner. Ce n'est pas non plus les cinq milliards dépensés en nourriture exotique. Il s'agit du million de dollars dépensé pour de la nourriture japonaise dans un rayon de cent kilomètres par rapport à l'endroit où vous envisagez d'établir votre affaire.

Cette approche montre une compréhension authentique du marché et votre réalisme concernant les segments que vous pouvez cibler. Cette démarche renforce la crédibilité du reste de votre *pitch* – évidemment, c'est le contraire qui se passe si vous prétendez à un marché de cinquante milliards.

La deuxième solution est plus hardie. Oubliez les études de marché et suscitez l'imagination. Vous le faites en fournissant un produit ou un service si évidemment utile que votre auditoire fait spontanément les calculs dans sa tête. Cette méthode ne peut pas marcher dans tous les cas car certains marchés ne sont pas évidents, mais, quand c'est le cas, le résultat est spectaculaire.

Voici un exemple vous montrant comment cela peut fonctionner. Supposez que votre produit teste la sécurité des sites Web acceptant l'entrée des données par les visiteurs. Votre produit assure que les *hackers* ne peuvent pas pirater votre site par ces zones d'entrée de données.

L'imagination va opérer comme suit :

- Presque tous les sites Web permettent d'entrer du texte.
- Il y a beaucoup de sites Web.
- N'importe quelle société a peur d'être hackée.
- Une multitude de sociétés aura besoin de ce produit.

Cette ligne imaginaire est bien plus puissante que la référence à une étude prouvant que le marché d'un logiciel de sécurité sera de « cinquante milliards dans quatre ans » parce que votre auditoire a entendu le même jour quatre autres présentations donnant des chiffres semblables. Et ils portaient sur le marché des crevettes d'élevage, des points d'accès sans fil, des nanoparticules et des puces graphiques.

METTEZ-VOUS EN VOL STATIONNAIRE A 300 METRES DE HAUTEUR

Je vous le promets, ce sera la seule et unique analogie militaire de ce livre. Considérez ces trois méthodes pour tuer :

• Le B-1B Lancer. C'est un avion de combat pour missions intercontinentales, capable de pénétrer des systèmes de défense sophistiqués. Il peut voler jusqu'à 15 000 mètres au-dessus du sol. Il coûte 200 millions de dollars.

• Les Navy Seals. Il s'agit des forces spéciales de la Marine américaine. Elles sont formées pour des opérations spéciales en territoire ennemi. Elles fournissent des capacités d'armement non-conventionnel et visent en temps réel; elles frappent de la mer et elles y retournent.

• Le A-10 Warthog. C'est un avion d'attaque au sol conçu pour le support aérien des troupes. Il est simple et efficace. Il opére à basse altitude (300 mètres) et coûte 13 millions de dollars.

Si les *pitchs* étaient des armes, ils seraient en majorité des B-1 Lancers ou des Navy Seals. Le *pitch* B-1 circule dans les nuages. Il y a beaucoup de mouvements de mains, des animations PowerPoint plaisantes, et on y utilise des termes comme « stratégique », « partenariats », « alliances », « prime au premier entrant », et « technologie brevetée ». Typiquement, le *pitch* est délivré par un MBA *(Master of Business Administration)* qui a une formation de financier ou de consultant.

Les techniciens, ceux qui ont des hélices sur la tête, et les ingénieurs donnent des *pitchs* à la Navy Seal. Ils partent dans les nuances de leur technologie et utilisent toutes sortes de sigles qu'eux seuls comprennent. Il est clair qu'ils connaissent leur technologie par le menu – et ils adoreraient vous l'expliquer.

Le B-1 *pitch* voit le monde de trop haut : les gens qui écoutent veulent savoir précisément ce que vous faites et pourquoi vous allez réussir. Ce ne sont pas les grands mots qui vous permettront de le montrer. Le *pitch* Navy Seal vole trop bas et se focalise sur les bits, les bytes et les petites bêtes – mais un *pitch* n'a rien à voir avec un audit effectué au microscope.

La bonne analogie pour faire le *pitch* de votre affaire n'est ni le B-1 Lancer (15.000 mètres en l'air) ou les Navy Seals (au ras du sol). C'est le A-10 Warthog (300 mètres). Comme cet avion, votre *pitch* n'a pas besoin d'être joli – il faut juste qu'il soit efficace : au-dessus du sol, mais tactique quand même.

Faites un *pitch* à 300 mètres d'altitude. Dans ce cas, vous n'êtes pas au-dessus des nuages où l'air est raréfié, mais vous n'êtes pas non plus sur le sol avec un couteau entre les dents. Donnez suffisamment de détails pour prouver que vous serez à la hauteur, et ayez une vue suffisamment aérienne pour montrer que vous avez une vision.

FERMEZ-LA, PRENEZ DES NOTES, RESUMEZ, REGURGITEZ ET FAITES LE SUIVI

Une fois, j'ai accompagné un P.-D.G. et son directeur des opérations pour un *pitch* chez un capital-risqueur. Quelques jours plus tard, je vois le capital-risqueur en tête-à-tête. Quand nous avons abordé le sujet de la Direction (avec un « D » majuscule), tout ce qu'il m'a dit, c'était cela, « J'ai remarqué que le P.-D.G. parlait beaucoup mais que le directeur des opérations prenait des notes. Le P.-D.G. n'a rien écrit. Je crois que le directeur des opérations est un bon ».

Je ne me souviens plus si le capital-risqueur voulait dire que le directeur des opérations méritait qu'on le remarque, mais là n'est pas le problème. Cela signifiait que se taire, prendre des notes et écouter véritablement pour trouver des moyens de s'améliorer est une bonne chose lors d'une réunion de présentation, où les actions les plus petites peuvent créer une grande impression. Prendre ostensiblement des notes veut dire :

- Je pense que vous êtes intelligent.
- Vous dites quelque chose qui vaut la peine d'être écrit.
- Je suis disposé et prêt à apprendre.
- Je suis consciencieux.

Prendre des notes procure ces avantages et, en plus, vous capitalisez la valeur des informations que vous consignez. Qui dit mieux ?

En outre, à la fin de la réunion, vous pouvez faire une réelle impression en résumant ce que vous avez entendu et en le répétant dans l'ordre pour vous assurer que vos notes sont correctes. Vous ferez une impression encore plus grande en faisant un suivi de la réunion dans les vingt-quatre heures sur tout ce que vous avez promis pendant la présentation, comme, par exemple, des informations supplémentaires.

RECOMMENCEZ A PARTIR DE ZERO

C'est une recommandation que les gens ont du mal à accepter, mais permettez-moi d'abord une courte digression sur les voitures aux Philippines, où les droits de douane, les restrictions sur les échanges commerciaux, le bas prix du travail se conjuguent pour rendre la réparation des voitures plus intéressante que l'achat de voitures neuves.

Ainsi, bon nombre de voitures sont reconstruites et rafistolées à l'aide de pièces provenant d'autres voitures ou créées artisanalement. Par exemple, on trouve facilement des Jeep avec des moteurs de Chevrolet.

Malheureusement, après un moment, nombreuses sont les présentations qui ressemblent à ces voitures. Elles ont été créées sur un modèle donné, ont été révisées et réparées après chaque réunion en réponse aux questions et aux objections.

Le processus dure des semaines, chaque réunion générant une révision, une correction ou une retouche de plus, au point que la présentation devient méconnaissable. On y parle de tout, mais le message d'ensemble est obscurci.

Voici ma recommandation : après une dizaine de présentations, mettez votre présentation à la poubelle. Recommencez à partir de zéro et récrivez tout. Bref, que cette « version 2.0 » reflète ce que vous avez appris à ce jour au lieu d'être un patchwork.

FAITES VOTRE PITCH CONSTAMMENT

L'habitude alimente le contenu. Si vous connaissez parfaitement votre *pitch* et si vous êtes à l'aise avec ce que vous allez dire, vous serez meilleur. Il n'y a pas trente-six moyens de parvenir à cette aisance : il faut seulement faire cette présentation un grand nombre de fois.

Vingt-cinq fois est nécessaire à la plupart des gens. Il n'est pas indispensable de faire ce *pitch* à l'auditoire que vous visez. Vous pouvez aussi le faire aux cofondateurs de l'entreprise, aux employés, à votre famille, à vos amis et même à votre chien.

Oubliez la théorie qui consiste à « se montrer à la hauteur de la situation » quand vous faites votre *pitch* pour de bon. Si vous êtes médiocre lorsque vous vous exercez, vous serez aussi médiocre en situation. Donc mettez-vous au travail – car, s'il y a quelque chose de pire que les acouphènes, c'est de les provoquer.

Exercice

Prenez-vous en vidéo en train de faire votre pitch. Si vous pouvez la regarder sans vous sentir mal à l'aise, c'est que vous êtes prêt.

Mini-chapitre
L'art de faire une présentation Powerpoint

> Dans certains cas... le couteau peut se retourner sauvagement sur la personne qui le manie... Vous utilisez le couteau avec précaution parce que vous savez qu'il se fiche de qui il coupe.
>
> Stephen KING

PowerPoint est le couteau suisse des entrepreneurs. C'était d'abord un outil et c'est devenu une fin en soi – un obstacle à l'efficacité de la plupart des *pitchs*. Avant de vous couper vous-même, prêtez attention à ce conseil sur l'art d'utiliser PowerPoint comme un moyen pour atteindre une fin.

• Mettez un fond sombre. Un fond sombre donne une impression de sérieux et de substance. Un fond blanc ou clair fait bon marché et amateur. De plus, regarder une présentation sur fond blanc pendant quarante-cinq minutes fatigue les yeux. Pensez à ceci : avez-vous déjà vu un générique de film en caractères noirs sur fond blanc ?

• Ajoutez votre logo sur le masque des diapositives. Toute présentation est l'occasion de construire l'image de marque de votre organisation. Donc mettez votre logo sur le masque des diapositives. En faisant cela, vous vous assurez que votre logo apparaîtra sur chaque diapo.

• Choisissez des polices communes sans empattement. Une présentation n'est pas l'occasion de montrer que vous avez accumulé la collection de polices de caractères la plus vaste du monde. Servez-vous de polices courantes, car un jour vous devrez peut-être utiliser un ordinateur qui a une collection de polices différente de la vôtre. De plus, préférez des polices sans empattement car elles sont plus lisibles que les empattements délicats que vous aimez. Vous ne ferez jamais d'erreur en recourant à l'Arial.

• Animez votre corps, non vos diapos. PowerPoint dispose de plus de soixante façons d'animer du texte ou des images. Il y en a cinquante-neuf de trop. Nombre d'entrepreneurs utilisent les animations et les transitions entre les diapos pour égayer leurs présentations. Croyez-vous vraiment qu'un effet de « Vitesse légère » va améliorer une présentation ? Rendez-vous ce service : n'utilisez pas d'animation fantaisie. Utilisez votre corps, non PowerPoint, pour être expressif, communiquer vos émotions et votre enthousiasme. De façon générale si vous trouvez que quelque chose est *cool*, supprimez-le.

• « Construisez » des puces. Peu d'entrepreneurs s'en servent. Ils affichent et lisent du texte. C'est une erreur. Utilisez des puces – et des phrases courtes qui résument l'idée clé. Même quand les entrepreneurs font usage des puces, ils les dispensent toutes en même temps. C'est une erreur. Construisez vos puces : Cliquez sur la puce 1, expliquez, cliquez sur la puce 2, expliquez, cliquez sur la puce 3, expliquez. C'est le seul moment où vous devez utiliser l'animation et je vous recommande de n'utiliser que le simple « Apparaître ».

• Ne retenez qu'un seul niveau de puces. Employez des puces qui ont elles-mêmes des puces signifie que vous essayez de communiquer trop d'information sur une diapo ou que votre pensée est confuse. Une diapo doit communiquer une idée avec les puces qui soutiennent cette idée. Si vous respectez les 30 points de la règle 10/20/30, il est difficile d'avoir des puces en cascade de toute façon.

• Ajoutez des diagrammes et des graphiques. Une puce est préférable à un bloc de texte, mais un diagramme ou un graphique est préférable à une puce. Faites des diagrammes pour expliquer le fonctionnement de votre affaire. Utilisez des graphes pour expliquer les tendances et les résultats chiffrés. Et construisez les diagrammes et les images par des clics progressifs comme vous le faites pour les puces.

• Faites des diapos imprimables. Il y a une précaution à prendre quand on ajoute des diagrammes et des graphiques. Parfois ces objets sont construits progressivement et en couvrent d'autres. Cela fonctionne pendant la présentation mais non à l'impression. Donc assurez-vous que vos diapos marchent dans les deux cas.

FAQ

Q. Comment puis-je rendre ma présentation mémorable ?

R. Le problème n'est pas que les présentations soient ennuyeuses. Dans l'absolu, beaucoup sont passionnantes que ce soit parce qu'il y a la prime au premier entrant sur le marché, ou une technologie brevetée, ou un marché de cinquante milliards de dollars et des équipes chevronnées composées de génies très motivés.

Le problème est que toutes les présentations se ressemblent et disent la même chose. Vous rendrez votre présentation mémorable en la faisant brève (dix diapos, vingt minutes) et en expliquant de façon persuasive comment vous résolvez un vrai problème. Les présentations qui font cela ? Moins de 1%.

Pour mettre en place une présentation mémorable, imaginez que votre auditoire a déjà eu une longue journée de réunions barbantes ; les gens sont à peine réveillés et encore moins attentifs ; ils ne souhaitent qu'une chose, rentrer chez eux. La plupart du temps, c'est à ce genre de situation que vous serez confronté, donc préparez-vous dans cette optique.

Q. Dois-je envoyer ma présentation en avance aux participants ?

R. Non, une bonne présentation n'a que des fragments de texte (en gros caractères !), donc les destinataires auront du mal à la comprendre sans votre intervention passionnante.

Q. Dois-je distribuer ma présentation au début de la réunion ?

R. Je ne le ferais pas. A mon avis, si vous le faites au début, les gens vont la feuilleter en avance parce qu'ils peuvent lire plus rapidement que vous ne pouvez parler. Cela dit, cela rend plus difficile la prise de notes. Une façon de faire est de donner la présentation au début de la réunion, tout en demandant aux gens de ne pas feuilleter à l'avance.

LECTURES RECOMMANDEES

BORDEN (Richard), *Public Speaking–As Listeners Like it !* New York: Harper & Brothers, 1935. (Aussi recommandé au Chapitre 9, L'art de créer une image de marque, ce livre est véritablement épuisé, mais j'en ai trouvé un exemplaire à Amazon.com)

PIATTELLI-PALMARINI (Massimo), *Inevitable Illusions: How Mistakes of Reason Rule Our Minds.* New York: John Wiley & Sons, Inc., 1994.

Chapitre IV
L'art de rédiger votre *business plan*

En me préparant pour la bataille, j'ai toujours trouvé que les plans étaient inutiles, mais que la planification était indispensable.

Dwight D. EISENHOWER

L'ESSENTIEL

Selon un mythe celte, il y avait des chaudrons magiques capables d'exaucer les désirs de ceux qui y prenaient à manger ou à boire[34]. Ces mythes ont conduit à la légende du Saint-Graal. L'équivalent moderne du Saint-Graal est le *business plan*.

Lui aussi est censé satisfaire tout le monde (investisseurs, administrateurs, fondateurs et dirigeants) et provoquer un effet magique – notamment leur donner l'envie irrésistible d'écrire un chèque ou de donner le feu vert.

Aussi, comme le Graal, le *business plan* demeure, à bien des égards, inaccessible et mythique. La plupart des experts ne sera pas de cet avis, mais un *business plan* est d'une utilité limitée pour une *start-up*, car les entrepreneurs fondent une grande partie de leurs plans sur des hypothèses, des « visions » et des inconnues.

Pour une initiative entrepreneuriale dans une société existante, un *business plan* est aussi d'un usage limité. Pour toutes les *start-up*, externes comme internes, le *MAT (Marks, Assomptions, Tasks)* dont nous avons traité au chapitre 1 est le guide le plus utile pour les opérations quotidiennes.

Cependant, nombre d'investisseurs, de nouvelles recrues, d'administrateurs potentiels et de décisionnaires s'attendent à un *business plan* et ne veulent pas poursuivre s'il n'y en a pas.

34. http://www.bl.uk/whatson/exhibitions/grail.html

De plus, la rédaction d'un plan force effectivement une équipe à travailler ensemble et à formaliser ses objectifs. Donc écrivez un plan, écrivez-le bien, mais ne croyez pas qu'il s'agisse du Saint-Graal. Les entreprises réussissent grâce à une bonne mise en oeuvre, non grâce à un bon *business plan.*

ECRIVEZ POUR LA BONNE RAISON

Ironiquement, le *business plan* lui-même (c'est-à-dire le document) est l'un des éléments les moins importants pour lever des fonds :

• Si un investisseur penche vers une décision positive, le plan ne fait que renforcer son sentiment. Ce n'est probablement pas ce qui a motivé la position favorable elle-même.

• Si l'investisseur penche vers une décision négative, il est improbable que le plan le fera changer d'avis. Dans ce cas, l'investisseur ne le lira probablement même pas en entier.

Malheureusement, les entrepreneurs naïfs croient qu'un plan peut provoquer une réaction d'éblouissement suivie de la question : « Pouvez-vous me faire parvenir vos coordonnées bancaires pour vous faire un virement ? »

Vous rêvez ! Les bonnes raisons et les raisons réalistes d'écrire un *business plan* sont les suivantes :

• Au stade ultérieur de l'audit, l'investisseur en demandera un. Cela fait partie du jeu – il faut un *business plan* « dans le dossier ».

• Ecrire un plan force les fondateurs à travailler ensemble. Avec de la chance, cette initiative contribuera à renforcer la cohérence de l'équipe. Il se peut même qu'elle vous permette de découvrir avec qui vous ne voulez pas travailler.

• Ecrire un plan oblige l'équipe à tenir compte de problèmes qu'elle a négligés ou sur lesquels elle a glissé dans son euphorie. Par exemple, développer une politique de service clientèle.

• Finalement, écrire un plan révèle les trous dans l'équipe fondatrice. Si vous regardez autour de la pièce et vous rendez compte que personne n'est capable de mettre en oeuvre des éléments-clés du plan, vous savez qu'il manque quelqu'un.

Toutes les intentions romantiques de changer le monde, imaginées tard le soir et grattées au dos d'une enveloppe, deviennent un sujet de discussion et se concrétisent une fois qu'elles sont sur papier. Ainsi, ce n'est pas le document en lui-même qui est important, mais le processus de sa rédaction. Même si vous n'essayez pas de lever des fonds, écrivez ce plan de toute façon.

ELABOREZ LE PITCH, PUIS LE PLAN

Nombreux sont les entrepreneurs qui s'attachent à perfectionner le *business plan* pour, ensuite, en tirer des diapos PowerPoint. Ils voient le plan comme la panacée et le *pitch* comme un dérivé.

C'est voir les choses à l'envers. Si votre *pitch* tient debout, votre plan, lui aussi, tiendra debout. L'inverse n'est pas vrai. Voici le processus approprié :

• Organisez votre *pitch* en dix diapos comme nous en avons discuté au chapitre précédent.
• Testez-le sur quelques mentors, collègues, des gens de votre famille, des *business angels* et des investisseurs. Faites cela une dizaine de fois.
• Réunissez l'équipe dans la pièce et reparlez de ce que vous avez appris.
• Ajustez le *pitch*.
• Commencez à écrire le plan.

Voici pourquoi c'est la bonne méthodologie :

• Votre *pitch* est plus important que votre *business plan* car c'est lui qui déterminera si vous vous ferez rejeter ou suciterez l'intérêt. Peu d'investisseurs avertis liront un *business plan* dans un premier temps.

• Un *pitch* est plus facile à ajuster qu'un plan parce qu'il a moins de texte.

• Vous n'aurez pas de feedback sur votre *business plan*. Franchement, vous aurez de la chance si quelqu'un le lit. En revanche, vous aurez une réaction immédiate à votre *pitch*.

• Vous pouvez être chanceux et lever des fonds sans avoir à écrire un *business plan*. (Cela dit, à votre place, j'en écrirais un quand même, ne serait-ce que pour la valeur de l'exercice.)

CONCENTREZ-VOUS SUR LE SOMMAIRE

Pour mémoire, voici les dix diapos nécessaires pour un bon *pitch* à des investisseurs :

• Titre.
• Problème.
• Solution.
• *Business model*.
• Magie sous-jacente.
• Marketing et ventes.
• Concurrence.
• Equipe de direction.
• Projections financières et chiffres clés.
• Situation actuelle, réalisations à ce jour, agenda et utilisation des fonds.

Ces dix points fournissent aussi le cadre de votre *business plan*. Le sommaire prend la place de la diapo de titre et c'est la partie la plus importante du plan. Un bon sommaire est une description claire et concise du problème que vous résolvez ; il explique comment vous le résolvez, votre *business model* et quelle magie se cache derrière votre produit ou votre service. Sa longueur est, approximativement, de quatre paragraphes.

C'est la section la plus importante de votre *business plan* car elle détermine si les gens liront la suite ou non. Ainsi, 80 % de l'effort quand on rédige un plan doit porter sur le sommaire. Ce sont les paragraphes les plus importants dans l'existence de votre organisation.

Exercice

Imprimez votre *business plan* actuel. Eliminez tout ce qu'il y a au-delà de la page 3. Est-ce que les deux premières pages donnent envie de lire le document dans son intégralité ?

FAITES DANS LA SOBRIETE

Veillez à ce que votre *business plan* reste court, simple et direct :

• Ne dépassez pas vingt pages. Vous pensez probablement que ce n'est vrai que pour les autres et que votre organisation révolutionnaire qui fait un bond en avant est une exception à cette règle. Vous vous trompez : plus un plan est court, plus il a de chances d'être lu.

• Choisissez une personne qui écrit le *business plan*. Bien qu'il doive refléter l'équipe, l'unité de ton est capitale. Il ne faut pas qu'on ait l'impression de lire un patchwork de textes copiés-collés.

• Attachez les pages avec une agrafe. Des volumes reliés cuir, dorés à la feuille et en relief vous permettent de vous faire remarquer – mais comme un guignol. Les investisseurs vous demanderont probablement de leur transmettre un document Word ou un PDF de toute façon.

• Limitez vos projections financières à deux pages. Les investisseurs se fichent de savoir combien vous aller dépenser en crayons au onzième mois de la quatrième année. La projection la plus importante est la trésorerie pour les cinq premières années. (Voir la section suivante pour plus de détails sur les projections financières.)

• Indiquez les chiffres-clés comme le nombre de clients, de bureaux et de revendeurs. Ces chiffres donnent souvent une meilleure idée des plans d'une organisation que les projections financières. Par exemple, vous pouvez projeter de vendre à 250 des Fortune 500[35] au cours de la première année.

• Fournissez les hypothèses étayant vos projections. Tout le monde sait que vous avez pris des chiffres qui permettent à votre affaire d'avoir l'air intéressante sans être farfelue. Les hypothèses à la base de vos prévisions sont beaucoup plus instructives et importantes que les prévisions elles-mêmes.

FOURNISSEZ LES BONS CHIFFRES

Les investisseurs n'étalent pas les *business plans* sur une table pour choisir les sociétés qu'ils vont financer sur la base de leurs projections financières. En particulier, tous les *business plans* présentés aux capital-risqueurs projettent des ventes de 25 à 50 millions pour la quatrième ou cinquième année. Quiconque sait utiliser Excel peut arriver à ces résultats théoriques.

35. « Fortune 500 est le classement des 500 entreprises américaines qui réalisent le plus important chiffre d'affaires. Le Fortune 500 est publié chaque année par le magazine Forbes. » (NDT)

Il n'empêche que les projections financières que les investisseurs exigent, sont un aspect significatif du plan. Ils veulent généralement des projections sur cinq ans pour comprendre l'échelle de votre affaire, définir ce qu'il requiert en capital et les hypothèses inhérentes à votre *business model.* Voici comment cinq grands capital-risqueurs décrivent ce à quoi ils s'attendent.

Heidi Roizen (Mobius Venture Capital) : « J'aime voir des chiffres détaillés par mois montrant l'utilisation complète du tour de table en question, avoir ensuite une visibilité trimestrielle pour l'année suivante, puis annuelle jusqu'à ce que la société soit rentable. Je sais que cela relève de la fantaisie, mais je veux comprendre quelles hypothèses l'entrepreneur a faites pour arriver à la maturité, pour connaître sa future part de marché et les coûts que cela entraînera. »

Mike Moritz (Sequoia Capital) : « Les projections ne se matérialisant jamais, les entrepreneurs devraient abandonner l'habitude de faire des compilations financières. Un capital-risqueur pour jeunes *start-up* veut simplement pouvoir évaluer le montant d'argent dont la société a besoin jusqu'à ce qu'elle ait une trésorerie lui permettant de se suffire à elle-même. Nous nous concentrons toujours sur les premiers dix-huit ou vingt-quatre mois au motif que si nous passons cette période nous serons en bien meilleure posture pour la suite. Nous aimons quelques projections bien pensées (par trimestre pour les deux premières années et par an pour les années trois, quatre et cinq) avec un compte de résultat, un bilan et des projections de trésorerie. »

Gary Shaffer (Morgenthaler Ventures) : « Cinq ans est habituel en dépit de l'aspect peu crédible de ce qui est plus éloigné dans le temps. Une période plus brève, de trois ans, peut être suffisante pour les *start-up* très jeunes. En pratique, les investisseurs attendent généralement une prévision qui va jusqu'au moment, quelle que soit l'année, où la société a des revenus « significatifs ».

Et si c'est plus de cinq ans, cela peut avoir du sens. Cela permet de définir ce qu'il faut pour financer la société jusqu'à ce qu'elle soit rentable, ce dont les investisseurs veulent toujours avoir une vague idée. »

Steve Jurvetson (Draper, Fisher, Jurvetson) : « Tous les *business plans* ont des projections financières qui démarrent bas et explosent à des niveaux de rentabilité absurdes au cours de la troisième année. En règle générale, nous ne tenons pas compte de ces projections, mais ces prévisions sont utiles pour l'optimisme et le potentiel de croissance qu'elles révèlent. Plus importantes que les projections, cependant, ce sont les hypothèses qui permettent d'arriver à ces conclusions : le *business model*, la taille du marché, la tarification, les réseaux de distribution, la marge brute dégagée et les besoins pour financer la croissance. En fin de compte, nous voulons financer des entrepreneurs qui veulent changer le monde et pour lancer la discussion, une demi-page de projections financières sur cinq ans, assortie d'une réflexion sur les hypothèses devrait suffire. »

ADOPTEZ UN STYLE RESOLU QUAND VOUS ECRIVEZ, SOYEZ PRAGMATIQUE QUAND VOUS AGISSEZ

Dans *The Innovator's Solution*, les coauteurs Clayton Christensen et Michael Raynor font une différence entre « un style résolu » et « une méthologie réactive » dans la définition d'une stratégie. Le premier est « conscient et analytique », montrant une utilisation rigoureuse de données historiques, une feuille de route pour la technologie et une analyse concurrentielle. C'est utile pour les sociétés matures qui ont une histoire[36].

36. CHRISTENSEN (Clayton) and E. RAYNOR (Michael), *The Innovator's Solution* (Boston: Harvard Business School Press, 2003), 214.

En revanche, une méthologie réactive est guidée par la réalité du quotidien, celle que voient les cadres moyens et les employés sur le front. C'est une stratégie de circonstance qui permet de réagir rapidement aux problèmes comme aux occasions. C'est la bonne approche quand l'avenir est imprécis, et pour lequel il est donc difficile d'élaborer convenablement des stratégies[37]. Elle est appropriée aux *start-up* et ainsi qu'à celles qui démarrent à l'intérieur de sociétés matures.

Voici un conseil : écrivez vos *business plans* dans un style « résolu », mais pensez et agissez au coup par coup. Les investisseurs veulent la manière résolue car ils veulent investir dans des sociétés qui, en principe, savent où elles vont. La plupart ne trouveront pas acceptable l'approche « nous réagirons rapidement ».

Vous et moi savons que vous ignorez quand votre produit ou votre service sera en vente, qui l'achètera, combien les clients le paieront et s'il y a aura du réassort. Mais vous ne pouvez pas dire cela dans un *business plan*. Donc écrivez comme si vous saviez exactement ce que vous réserve le futur, mais soyez pragmatique au contact de la réalité.

Rassurez-vous, de nombreuses organisations qui ont réussi ont changé leur *business model* en cours de route. Cela veut dire que vous devez économiser votre capital pour avoir les moyens de faire face aux changements (d'où le chapitre 5 sur l'Art de démarrer sans argent) et que vous devez aussi avoir la volonté de changer vos plans.

La chose la pire est d'écrire un plan dans un style résolu et de s'y tenir parce que c'est « le plan ». Si vous réussissez, tout le monde se fichera de savoir si vous avez suivi votre plan. Honte à vous si vous échouez en le suivant !

37. Ibid, 215

FAQ

Q. Est-ce que mon business plan ne va pas ressembler à celui de quelqu'un d'autre ?

R. Tout dépend de ce que vous voulez dire par « ressembler à celui de quelqu'un d'autre ». En un sens, il le faut. C'est-à-dire qu'il doit comporter tous les sujets essentiels abordés précédemment dans ce chapitre. De plus, il ne doit pas se présenter de façon inhabituelle dans sa mise en page, son *design*, ou sa reliure – ni avoir votre photo en couleurs en couverture. Arial pour les titres et Palatino pour le texte sont tout à fait suffisants.

Q. Soit, mais que dois-je faire pour que mon plan se distingue ?

R. Il y a quatre façons de faire en sorte que votre plan sorte du lot. Premièrement, ayez un parrain qui le signale à l'attention. Deuxièmement, donnez une liste de clients que le lecteur peut appeler et avec lesquels il peut discuter de votre produit ou de votre service – ou mieux encore, de l'utilisation qu'ils en font déjà. Troisièmement, assurez-vous que le plan montre une connaissance du monde réel et une expérience du marché. Quatrièmement, incluez des diagrammes et des graphiques explicatifs pour les points complexes.

Q. Dois-je écrire le plan moi-même ou engager un consultant ? Et si je ne prenais un consultant que pour le modèle financier ?

R. Vous, votre équipe et vous, devez écrire le plan intégralement, y compris le modèle financier. Comme je l'ai indiqué plus haut, la finalité principale de ce processus est de permettre à l'équipe fondatrice de se mettre sur la même longueur d'onde. Abdiquer une des parties de ce processus, est une grave erreur. C'est lorsque vous avez écrit le plan que vous pouvez demander à un consultant de revoir ce que vous avez fait.

Q. Selon quelle périodicité dois-je revoir le plan ?

R. L'utilité d'un *business plan* décline rapidement après les premiers six mois. Le but initial de ce plan est de mettre l'équipe sur la même longueur d'onde, d'aider à mettre de nouveaux employés à flot et de lever des fonds.

Cela dit, à partir de la seconde année, vous n'écrirez pas un projet de plan. A ce stade, votre plan sera clair : centré sur le budget et les prévisions, avec un résumé rapide des objectifs (ce que vous allez faire) et de la stratégie (comment vous allez le faire).

LECTURES RECOMMANDEES

CHRISTENSEN (Clayton) and RAYNOR (Michael E.), *The Innovator's Solution: Creating and Sustaining Successful Growth.* Boston: Harvard Business School Press, 2003.

NESHEIM (John), *High Tech Startup: The Complete How-To Handbook for Creating Successful New High Tech Companies.* New York: Free Press, 2000.

TROUT (Jack), *The Power of Simplicity: A Management Guide to Cutting Through the Nonsense and Doing Things Right.* New York: McGraw-Hill, 1999.

L'activation

Chapitre V
L'art de démarrer sans argent

Pas de problème à viser haut si vous avez beaucoup de munitions.

Hawley R. EVERHART

L'ESSENTIEL

Bill Reichert, un dirigeant de Garage, aime à dire aux entrepreneurs que la probabilité de lever des fonds chez un capital-risqueur est la même que celle d'être tué par la foudre quand on est debout dans sa piscine par un jour de beau temps. Il exagère. Mais c'est vrai, la probabilité est faible.

La plupart des entrepreneurs doivent trimer pour s'en sortir et vivre de riz et de sauce de soja. Ce chapitre explique comment survivre au cours des premiers temps de l'existence d'une *start-up* sans capital : en choisissant le *business model* adéquat, en considérant que la trésorerie est reine, en allant immédiatement sur le marché et en prenant la « pilule rouge » [38].

Au fait, certains croient qu'une affaire qu'on peut *bootstrapper* ne peut qu'être insignifiante – en d'autres termes que si vous pouvez garder vos besoins en capital à un bas niveau et si vous ne pouvez pas ramasser des brouettées de fonds provenant de capital-risqueurs, vous vous condamnez à faire quelque chose

38. Allusion à *The Matrix*, un film de science-fiction réalisé par les frères Wachowski, sorti en 1999 : « Thomas Anderson, un jeune informaticien connu dans le monde du piratage sous le pseudonyme Neo, est contacté via son ordinateur par ce qu'il pense être un groupe de pirates informatiques. Ils lui font découvrir que le monde dans lequel il vit n'est qu'un monde virtuel, un logiciel appelé « Matrix », et que tout ce qui est autour de lui n'est pas réel, ce n'est qu'une simulation neuro-interactive créée par les machines. » http://fr.wikipedia.org/wiki/Matrix. Dans le film, Morpheus dit à Neo : C'est ta dernière chance. Tu ne pourras pas revenir en arrière. « Choisis la pilule bleue et tout s'arrête, après tu pourras faire de beaux rêves et penser ce que tu veux. Choisis la pilule rouge : tu restes au Pays des Merveilles et on descend avec le lapin blanc au fond du gouffre. » (NDT)

de petit. C'est faux. Des sociétés comme Hewlett Packard, Dell, Microsoft, Apple, et eBay ont bootstrappé leur démarrage.

Si tout va bien, le *bootstrapping*[39] n'est qu'une phase dans le développement de votre société. Il n'est pas nécessaire que ce soit un style de vie permanent – parce que après un moment on se fatigue du riz et de la sauce de soja. Pour le moment, pensez grand mais commencez petit.

GEREZ POUR FAIRE DE LA TRESORERIE, NON POUR ETRE RENTABLE

Au début du New Yorker, les bureaux étaient si petits et si pauvrement meublés que Dorothy Parker préférait passer ses journées au café d'à côté. Un jour, le rédacteur en chef tombe sur elle.

« Pourquoi n'êtes-vous pas là-haut à travailler ? » demanda Harold Ross.

« Quelqu'un utilisait le crayon », expliqua Mme Parker[40].

Les entrepreneurs peuvent bootstrapper pratiquement n'importe quelle affaire surtout s'ils n'ont pas le choix. Peut-être ne serai-je plus invité à parler dans les écoles de commerce pour avoir dit cela, mais *bootstrapper* son affaire veut dire gérer pour faire de la trésorerie, non des profits sur papier, de la croissance, des parts de marché ou créer une image.

39. « Les *bootstraps* sont les anneaux, en cuir ou en tissu, cousus sur le rebord des bottes et dans lesquels on passe les doigts pour s'aider à les enfiler. » http://fr.wikipedia.org/wiki/Bootstrap. Par extension, le terme s'est mis à désigner toute réalisation faite avec peu de moyens. Dans le jargon des entreprises, le terme désigne une société commencée avec peu d'argent. Le verbe francisé « bootstrapper » et le nom *bootstrapping* (action de bootstrapper) est commun dans le français de la Silicon Valley. (N.D.T.)

40. HAY (Peter), *The Book of Business Anecdotes* (New York: Wings Books, 1988),149.

Une société *bootstrappée* a plusieurs des caractéristiques suivantes :

- des besoins initiaux en capital peu élevés ;
- un cycle de vente court (moins d'un mois) ;
- des délais de paiement qui sont brefs (moins d'un mois) ;
- des revenus récurrents ;
- de la publicité par le bouche-à-oreille.

Côté revenus, gérer pour faire de la trésorerie signifie laisser tomber des ventes qui seraient rentables mais pour lesquelles les encaissements seraient trop longs. Côté dépenses, cela veut dire payer tout ce que vous achetez le plus tard possible.

Sur papier, votre société semblera moins rentable – surtout en raison des ventes que vous laisserez tomber. Cela dit, les profits sur papier sont une considération secondaire pour un *bootstrappeur*.

Ces exigences sont associées à des produits, des services et des cibles qui ont les caractéristiques suivantes :

- Les gens savent déjà, ou ils le découvrent rapidement, qu'ils ont besoin de votre produit ou de votre service. Vous n'avez pas besoin de faire l'éducation de vos clients potentiels sur la nature de leur problème.

- Votre produit ou votre service est « auto-persuasif[41] ». C'est-à-dire qu'une fois que les gens comprennent leur problème et comment vous le résolvez, ils peuvent se persuader tout seuls de passer à l'action et l'acheter.

- Une énorme tendance, un tsunami, lève les obstacles pour vous. L'Internet a été un exemple de ce phénomène. (Comprenez, cependant, que toute vague perd de sa force, et que vous devez avoir une « vraie entreprise » à la fin de la vague.)

41. SCHRAGE (Michael), *Letting Buyers Sell Themselves,* Technology Review (October, 2003): 17.

• Vous pouvez parasiter un produit ou un service qui a déjà une grosse base installée. Vous réduisez le risque en pariant sur un produit ou service qui a déjà du succès.

Gérer pour faire de la trésorerie, et non de la rentabilité, n'est pas une pratique pour le long terme, mais c'est la façon de fonctionner pour un *bootstrappeur*.

CONSTRUIRE DES PREVISIONS ASCENDANTES

Un *bootstrappeur* qui a toute sa tête ne doit pas faire des prévisions descendantes en calculant de quelle part de marché il a besoin pour réussir. C'est le genre de modèle qui part d'un grand nombre et le réduit progressivement pour projeter les ventes. Par exemple, disons que vous lancez une société vendant des accès Internet en Chine. Voici un modèle descendant type :

• Il y a 1,3 milliard de gens.
• 1 % veut un accès Internet.
• Nous aurons 10 % de cette cible.
• Chaque compte va rapporter 240 dollars par an.
• 1,3 milliard de gens x 1 % du marché x 10 % de pénétration x 240 dollars par client = 312 millions. Et – en prime ! – regardez à quel point nos pourcentages sont conservateurs !

Si on choisit un marché suffisamment grand, il est facile de se monter la tête et de croire que le succès sera facile. 1 %, par exemple, semble toujours être une petite part de marché facilement accessible.

Les *bootstrappeurs* ne construisent pas des modèles descendants. Quand on va de haut en bas, on peut aussi tomber à plat ventre. Non, ils construisent des modèles partant des variables prises dans le monde réel, comme celui-ci :

• Un commercial peut faire dix appels par jour pour joindre un prospect.
• Il y a deux cent quarante jours de travail par an.
• 5 % des appels commerciaux seront convertis dans les six mois.
• Chaque vente gagnée rapportera 240 dollars.
• Nous pouvons engager cinq commerciaux.
• 10 appels/jours x 240 jours/an x 5 % de succès x 240 dollars x 5 commerciaux = 144 000 dollars de vente pour la première année.

Discutez autant que vous voulez le nombre exact d'appels par jour, le taux de conversion, le montant moyen d'une vente, etc., le fait est qu'un modèle partant du réel produit des prévisions est beaucoup plus réaliste que les estimations les plus pessimistes d'un consultant sur la taille totale du marché.

L'ordre de grandeur de votre prévision établira le niveau de *bootstrapping* que vous aurez à faire. La seule information qui vous guidera avec exactitude est l'état de votre compte en banque.

VENDEZ, PUIS TESTEZ

Si vous créez une société de biotechnologie ou d'appareils médicaux, passez cette section. Si ce n'est pas le cas, continuez votre lecture. L'une des caractéristiques du *bootstrapping* est de mettre votre produit ou votre service immédiatement sur le marché. Voyez les choses comme cela : vendre, corriger, vendre, corriger, vendre, corriger, etc.... au lieu de corriger, corriger, corriger, vendre. Je l'admets, il y a du pour et du contre à adopter cette philosophie.

POUR

- Trésorerie immédiate.
- Feed-back du monde réel.

CONTRE

- Image ternie s'il y a des problèmes de qualité.
- Comme une image ternie est potentiellement un problème sérieux, vous êtes pris dans un alternative diabolique – vendre ou perfectionner.

Voici quelques-unes des questions que vous pouvez vous poser pour prendre votre décision :

- Notre produit ou notre service, à ce stade de développement, devance-t-il la concurrence ?

- Pouvons-nous vendre dans une région ou sur un segment de marché qui soit petit ou isolé, de sorte que les dégâts potentiels aient un impact limité ?

- Y a-t-il un client (ou un profil de client) tolérant et compréhensif qui accepterait d'être un cobaye ?

- Notre produit ou notre service satisfait-il amplement à notre vision de créer du sens ?

- Notre produit ou notre service satisfait-il amplement les besoins de nos clients ?

- L'état actuel de notre produit ou de notre service peut-il mettre en danger ou léser le client ?

- Avons-nous déjà fait tant de tests *in vitro* que nous devons maintenant savoir ce que pense le monde réel ?

Exercice

Vrai ou faux. Le premier Macintosh (1984) n'avait pas de logiciels, de disque dur, de *slots*, et n'avait ni la couleur ni Ethernet.

Vous pouvez passer des heures à débattre avec votre équipe de ce qu'il faut faire. La décision ne sera pas facile, et il n'y a pas de réponse qui soit franchement bonne ou mauvaise. Une autre approche est de se demander ceci : « *Est-ce que je laisserais ma mère ou mon père se servir de ce produit ou ce service ?* » Si la réponse est oui, allez-y.

Une autre question que vous pouvez vous poser est celle-ci : « *Sommes-nous à court d'argent ?* » Il n'y a rien qui mobilise mieux l'énergie dans une entreprise que de se trouver à deux doigts de la mort.

OUBLIEZ L'EQUIPE « QUI A FAIT SES PREUVES »

« L'expérience », c'est le nom que l'on donne à ses erreurs.

Oscar WILDE

Si vous *bootstrappez* votre organisation, abandonnez l'idée de recruter des vétérans connus dans votre industrie ou de réunir une équipe de rêve. Attachez-vous plutôt à ce qui est abordable, c'est-à-dire à des gens jeunes, sans expérience, mais bourrés de talent et pleins d'énergie.

Ce choix va initialement réduire vos chances de lever du capital-risque, mais de toute façon, il n'est pas amusant d'être au fond de la piscine. De plus, le tableau qui suit montre qu'il est plus facile d'embaucher des gens qui n'ont pas fait leurs preuves :

	LES GENS QUI ONT FAIT LEURS PREUVES	LES GENS QUI N'ONT PAS FAIT LEURS PREUVES
Salaires	Élevés, mais vous n'en avez pas toujours pour votre argent.	Bas, et vous en avez presque toujours pour votre argent.
Avantages en nature	Secrétaires, bons hôtels, voyages en première classe, limousines et équipement de premier choix.	Self-service, motels, voyages en classe économique, plusieurs dans la même voiture, équipement acheté en salle des ventes.
Niveau d'énergie	Idéalement, encore élevé.	Idéalement, contrôlable.
Connaissances	N'admettent pas qu'ils ne savent pas, mais vous faites l'hypothèse qu'ils savent.	Ne savent pas ce qu'ils ne savent pas, donc sont ouverts à l'idée de tout essayer.

De toutes ces caractéristiques, la dernière est la plus importante : ne pas savoir est non seulement une bonne chose, cela vous donne du pouvoir. Dans les années 1980 (quand j'étais jeune), je ne savais pas à quel point il serait difficile d'« évangéliser » un nouveau système d'exploitation. Donc quand Apple m'a offert le job, j'ai sauté dessus. C'était comme si on me payait pour aller à Disneyland. Maintenant je sais ce que c'est et je ne m'y essaierai pas une seconde fois. Si j'avais su *l'impossibilité* de ma tâche, je n'aurais jamais tenté.

Exercice

Allez sur Internet et vérifiez la formation des entrepreneurs suivants :

Bill Gates
Steve Jobs
Michael Dell
Pierre Omidyar
Jerry Yang
David Filo
Larry Page
Sergei Brin
Oprah Winfrey
Anita Roddick

Vous verrez que, sur le papier, aucun n'a la formation « qu'il faut » pour créer une société de plusieurs milliards de dollars.

DEMARREZ COMME SOCIETE DE SERVICES

Un des avantages d'une société de services est que la trésorerie arrive immédiatement. L'exemple classique de cette forme de *bootstrapping* est la société de logiciels. Le conte de fées marche comme ceci :

- Des programmeurs se mettent ensemble pour fournir des services sur un créneau. Ils opèrent comme consultants – en mettant les mains dans le « cambouis » avec le client. Ils facturent à l'heure et sont payés à trente jours.

- En fournissant le service, ils développent un outil pour le client. Plus ils ont de clients, plus leur outil s'améliore. Puis, ils se rendent compte que de nombreux clients peuvent utiliser l'outil.

- Ils utilisent les honoraires qu'ils facturent pour continuer le développement de l'outil. A ce stade, leur société de conseil a grandi et génère des profits de façon régulière.

• Ils achèvent le développement de l'outil et essaient de le vendre indépendamment des services de conseil. Les ventes démarrent. La société arrête de faire du conseil « parce qu'il n'y a pas d'effet de levier dans le conseil ».

• La société va en Bourse ou Microsoft l'achète. Les fondateurs s'achètent des Porsche, des Audi ou des Mercedes et vivent heureux jusqu'à la fin de leurs jours.

L'autre raison qui fait choisir le modèle d'une société de services est un peu moins idyllique :

• Deux « types » ont une idée de société de logiciel. Ils vont obliger Oracle, Microsoft ou Symantec à fermer.

• Ils commencent à créer le produit. Eventuellement, ils lèvent du capital-risque. Ou bien de l'argent de *business angels*. Ou, tout simplement, ils meurent de faim.

• Pour la première fois dans l'histoire de l'humanité, le développement est plus long que prévu. Et puis, les clients n'ont pas envie d'acheter le produit de « deux types dans un garage ». La société est à court d'argent.

• Pour faire entrer de l'argent, nos gars décident de faire du conseil. Ils prennent leur produit partiellement terminé et font de la retape pour « racoler » un maximum de clients. Ils rationalisent et voient le côté positif : cela les aide à développer un produit dont les clients ont vraiment besoin.

• Et voilà ! Les clients ont vraiment besoin de leur produit. Nos entrepreneurs le terminent et commencent à le vendre. Les ventes démarrent. La société arrête de faire du conseil « parce qu'il n'y a pas d'effet de levier dans le conseil ».

• La société va en Bourse ou Microsoft l'achète. Les fondateurs s'achètent des Porsche, des Audi ou des Mercedes et vivent heureux jusqu'à la fin de leurs jours.

Que la voie empruntée par votre société soit celle du conte de fées ou du détour moins idyllique n'a pas d'importance si vous vous en sortez. Le message est que démarrer (ou être forcé à démarrer) avec un modèle de société de services est une technique viable de *bootstrapping*.

Si vous choisissez cette méthode, cependant, comprenez bien que démarrer comme une société de services est un bon choix de départ, mais n'est pas toujours la bonne stratégie à long terme. Vous gagnez des clients qui paient la recherche et le développement, mais le modèle doit être temporaire pour une société de produits.

Sur le long terme, une société de services est différente d'une société de produits. La première, c'est du travail d'esclave, des heures à facturer ou des projets. La seconde, c'est de la recherche-développement, de la vente et la possibilité de répartir les coûts sur les centaines de produits qui sortent de chez vous.

...EZ-VOUS AU FOND, NON A LA FORME

...uand vous dépensez de l'argent, attachez-vous à ce qui importe, le fond, non la forme. Par exemple, engager un bon comptable ne signifie pas engager une grande société d'audit (forme). Ce qui importe, c'est le fond, non la forme comme le montre le tableau qui suit :

	FORME	FOND
Juridique	Des bureaux dans le monde entier pour des clients parmi les Fortune 500 et des places pour les grands événements sportifs.	Comprend vos obligations légales, protège vos intérêts et vous aide dans vos accords.
Comptabilité	Statut de grande société d'audit avec des clients qui sont maintenant en prison et des salles de conférence lambrissées.	Vous fait contrôler vos coûts et assure que vous êtes en règle fiscalement.
Relations publiques	Des représentants avec un bon *look*, un diplôme en histoire de l'art asiatique, et qui vous disent que vous êtes un orateur génial pour les événements qu'ils ont organisés.avec la presse à 100.000 dollars	Solides prosélytes et agents pour un positionnement efficace, capables d'établir des contacts étroits avec les journalistes.
Publicité	Un mur couvert de prix pour des pubs télé ou dans les journaux, avec des employés qui ne font rien de plus que d'acheter de l'espace.	Comprend et a accès aux clients, et les convainc d'attirer vers vous de nouveaux clients.
Recrutement	Une réputation établie pour le placement de P.-D.G. dans des sociétés cotées en bourse qui ont des jets privés.	Trouve des employés formidables acceptant de réduire leur salaire contre des actions.

Les prestataires de services constituent une part importante des coûts des *start-up*. Voici quelques conseils pour faire les bons choix :

• Choisissez une firme spécialisée dans le type de prestations que vous attendez. Par exemple, pour revoir l'offre d'un capital-risqueur, n'engagez pas un oncle qui s'occupe de divorces parce qu'il coûte moins cher ni une société d'avocats célèbre à la Bourse parce qu'elle a un nom.

• Sachez que, parfois, la bonne décision est de payer plus. Des investisseurs, par exemple, peuvent être plus à l'aise avec des sociétés qui utilisent des avocats et certaines firmes comptables « comme il faut ».

• Vérifiez les références des gens qui font le travail – et pas simplement les références de la firme. Les plus valables sont des entrepreneurs heureux.

• Négociez tout. Depuis 2004, tout est négociable : les tarifs, les conditions de paiement, et les frais mensuels. Même pendant les conjonctures favorables, n'ayez pas peur de négocier. C'est la règle du jeu. Par exemple, bien des firmes différeront les paiements jusqu'à ce que vous ayez levé des fonds, si vous avez l'audace de le demander.

• Si vous ne pouvez pas souffrir la personne avec qui vous allez travailler, changez d'interlocuteur ou de firme. La vie est courte, donc travaillez avec des gens que vous aimez.

L'accent mis sur le fond, non sur la forme, vaut pour tous les aspects dans une *start-up*. L'un des symboles de la folie de l'époque *dotcom*, par exemple, était la chaise Aeron d'Herman Miller. Cette chaise à 700 dollars symbolisait ce qui était *cool*. C'était une chaise fantastique, mais je ne suis pas sûr que le prix l'était. La fonction d'une chaise, après tout, est simplement de se poser le derrière.

Exercice

Allez sur eBay et cherchez des chaises Aeron d'occasion. Plus vous en trouverez, plus vous vous rendrez compte que les entrepreneurs s'attachent plus à la forme qu'au fond.

CHOISISSEZ VOS COMBATS

Chuchotez le mot *produit de base* à la plupart des entrepreneurs, et ils ont froid dans le dos. Le mot désigne désormais le processus au terme duquel un produit qui était d'abord unique, propriétaire et permettant des marges élevées devient commun, standard et bon marché.

Cependant, les *start-up* qui *bootstrappent* aiment que les produits deviennent des produits de base car cela fait diminuer les coûts. Par exemple, Neoteris[42], une société en Californie qui fournissait des appareils de sécurisation de réseaux, vendait son produit 10.000 dollars. Le coût des composants n'était que de 2.000 dollars[43].

Si Neoteris avait dû faire le *design* et la fabrication des composants pour son produit, le coût et les risques auraient été beaucoup plus élevés. En achetant des composants standards chez de plus grosses sociétés, la firme exploitait les ressources de géants de l'industrie, comme Intel.

42. Depuis la publication de ce livre aux Etats-Unis, la société Neoteris a été acquise par Netscreen Technologies, puis Netscreen Technologies par Juniper Networks (NDT).

43. Om (Malik), *The Rise of the Instant Société,* Business 2.0 (December 2003) 99.

Les *bootstrappeurs* choisissent leurs combats. Pour Neoteris, le bon combat, celui où il faisait de l'argent, consistait à écrire du logiciel – non à faire le *design* et la fabrication de puces ou de disques durs. N'essayez pas de gagner de l'argent en faisant ce que n'importe qui peut faire. Faites de l'argent grâce à votre magie :

• Quelle est la « magie » essentielle que nous créons ?

• Est-ce que les clients achètent les composants que notre produit ou notre service intègre – ou la façon dont nous les intégrons ?
• Comment pouvons-nous tirer parti des efforts d'autres sociétés pour aller sur le marché dans de meilleures conditions, plus rapidement et à un coût moindre ?

• Combien de techniques sommes-nous capables de bien maîtriser ? Y a-t-il d'autres entreprises qui font mieux que nous ?

VENDEZ EN DIRECT

Beaucoup de *start-up* essaient de mettre en oeuvre un système de distribution indirect. En d'autres termes, la société vend à un revendeur qui vend à l'utilisateur final du produit ou du service. Ce choix repose sur l'idée qu'un revendeur-consultant-distributeur établi possède une force de vente, une image de marque et est déjà en relation avec des clients.

C'est la théorie. La réalité est que la plupart des revendeurs veulent répondre à la demande, non la créer. Vous aider à vous établir sur le marché ne les intéresse pas – ils veulent seulement tirer parti d'un marché déjà validé. Aussi « marxiste » (Groucho) que cela paraisse, vous ne voudriez aucun des revendeurs qui vous représenteraient.

Il y a trois problèmes supplémentaires dans un système de distribution indirecte. Premièrement, cela vous isole de votre client. Quand on a un nouveau produit ou service, on a besoin de savoir ce qui ne va pas ou ce qui va bien, aussi rapidement que possible et de la façon la moins filtrée possible. Deuxièmement, vous avez moins de marge et donc vous devez compenser par plus de ventes, ce qui est généralement difficile pour une *start-up*. Enfin, il faut du temps pour mettre en place un système de distribution et faire arriver en même temps votre produit entre les mains des clients en passant par ce système.

Pour toutes ces raisons, essayez de vendre en direct aux clients. Une fois que vous avez « débogué » votre produit ou votre service et construit une base, utilisez les revendeurs pour accélérer, étendre ou compléter vos efforts. Mais ne pensez pas que des revendeurs puissent établir votre produit ou votre service à votre place ou vous fournir un *feed-back* sur les clients comparable à celui que vous aurez en vendant vous-même.

POSITIONNEZ-VOUS CONTRE LE LEADER

Seth Godin, l'auteur de *The Bootstrapper's Bible*, défend vigoureusement l'idée qu'une des bonnes techniques du *bootstrapping* consiste à se positionner contre le leader du marché ou par rapport à des façons de faire reconnues. Plutôt que d'essayer d'établir votre produit ou votre service à partir de rien, vous utilisez l'image de marque existante de la concurrence.

Voici des exemples montrant comment procéder :

- Lexus : « Aussi bien qu'une Mercedes ou une BMW, mais 30 % moins cher ».
- Southwest Airlines : « Aussi économique que de conduire ».
- 7 UP : « L'anti-cola ».
- Avis : « Décidés à faire mille fois plus » (sous-entendu « que Hertz »).

Le positionnement contre les leaders ou les façons reconnues de faire les choses peuvent faire économiser beaucoup de marketing, de relations publiques, de promotion et de coûts publicitaires, donc choisissez « l'étalon or » de votre secteur et mettez en évidence un élément important de différenciation, comme :

- le coût
- la facilité d'utilisation
- la commodité
- le *design*
- la fiabilité
- le ratio rapidité-performance
- la gamme de choix
- le service clientèle
- l'emplacement géographique.

En ayant dépensé des millions de dollars et des années d'efforts à établir leur image de marque, vos concurrents vous ont fait une faveur fantastique – tout ce que vous avez à faire est de vous positionner par rapport à eux. Il y a un hic, toutefois, car parvenir à trouver sa place par rapport à un leader requiert trois conditions :

- Le leader est, et demeure, une entité par rapport à laquelle cela vaut le coup de se situer. Imaginez le cas, par exemple, où vous vous seriez positionné par rapport à Enron à l'époque où Enron était un chouchou de Wall Street…

- Le leader ne se comporte pas comme vous l'escomptiez et votre avantage s'effrite. Un exemple : vous positionnez votre ordinateur comme étant plus rapide que celui d'IBM et IBM répond vite par un modèle radicalement plus rapide.

- Votre produit ou votre service l'emporte sur l'offre de la concurrence incontestablement et significativement. Si ce n'est pas le cas, tout le monde se fichera de votre battage. Pire, vous perdrez votre crédibilité, et recouvrer sa crédibilité est difficile.

En tout état de cause, pour l'immédiat, c'est une technique utile qui vous permet d'expliquer ce que vous faites avec un petit budget.

PRENEZ LA « PILULE ROUGE »

> C'est votre dernière chance. Ensuite, vous ne pourrez pas revenir en arrière. Vous prenez la pilule bleue et l'histoire s'arrête là : vous vous réveillez dans votre lit et croyez ce que vous voulez croire. Vous prenez la pilule rouge – vous restez dans le Pays des Merveilles et je vous montre la profondeur du trou du lapin.
>
> *The Matrix,* 1999

Dans *The Matrix*, Neo choisit la pilule rouge, ce qui le met en face de la réalité cruelle du monde. S'il avait pris la pilule bleue, il aurait pu vivre dans le monde imaginaire confortable de la Matrice.

Les leaders de sociétés nouvelles sont confrontés au même choix : la réalité ou l'imaginaire. Le choix est aussi simple que celui de Neo. Si vous voulez réussir comme *bootstrappeur*, vous devez prendre la pilule rouge et déterminer à quelle profondeur le trou de lapin qu'est votre entreprise doit aller. Si vous voulez sérieusement garder prise sur la réalité, voici les dix questions les plus importantes que vous pouvez vous poser :

- Quand votre produit ou votre service seront-ils prêts pour la commercialisation ?
- Quel est le coût véritable, charges comprises, des opérations ?
- Quand serez-vous à court d'argent ?
- Quel pourcentage de vos prospects deviendront des clients ?
- Quelle portion des comptes clients pouvez-vous collecter ?
- Qu'est-ce que le produit ou le service de la concurrence sait faire et que votre produit ou votre service ne fait pas ?

- Quels sont, parmi vos employés, ceux qui ne sont pas bons ?
- Faites-vous tout ce que pouvez faire pour maximiser la valeur du patrimoine de vos associés ?
- Que fait votre société pour changer le monde et créer du sens ?
- Etes-vous un bon leader pour votre organisation ?

TROUVEZ-VOUS UN MORPHEUS

Toute drogue, même la vérité, doit être transmise. Dans *The Matrix*, c'est Morpheus, joué par Lawrence Fishburne. Qui est Morpheus dans votre organisation ?

Si vous n'en avez pas, il vous en faut un. Généralement, votre « Morpheus » est un directeur financier, un directeur des opérations, un contrôleur ou un comptable.

- Il ne faut pas nécessairement un grincheux, mais simplement quelqu'un connaissant la marche des opérations d'une entreprise dans un monde réel. Le rôle de cette personne n'est pas de toujours dire non, mais d'être réaliste.

- Comme telle, elle est le yin du yang du P.-D.G.. Ce dernier décide ce qu'il faut faire et cette personne décide du « comment » et du «pourquoi il ne le faut pas». Leur relation n'est pas une relation d'opposition mais de contre-poids.

- Morpheus doit avoir au moins dix ans d'expérience opérationnelle. Des antécédents de consultant, d'auditeur, de banquier, de journaliste ou d'analyste sont une mauvaise idée car il est facile de « conseiller » mais difficile de « faire ». La seule bonne question pour déterminer si les antécédents d'une personne sont adéquats est la suivante, « Avez-vous déjà renvoyé des gens ou fait un licenciement ? » Si la réponse est non, cherchez ailleurs !)

Dans les faits, votre Morpheus peut ne pas être une seule personne. Selon les phases de l'entreprise ou les tâches à accomplir, le rôle de Morpheus varie et vous pouvez avoir :

• Un Morpheus dans la recherche ou le *design* qui vous dit que ce que vous créez est défectueux.

• Un Morpheus dans les opérations qui vous dit que vos systèmes ne peuvent pas gérer votre entreprise.

• Un Morpheus dans la finance qui vous dit que vous dépensez trop (ou trop peu) d'argent.

• Un Morpheus pour les questions d'éthique, qui vous dit que vous ne transmettez pas un bon système de valeurs.

Chaque société a besoin d'un profil de Morpheus différent, mais toutes les organisations en ont besoin d'au moins un qui donne la pilule rouge quand c'est nécessaire.

RESTEZ EN SOUS-EFFECTIFS ET EXTERNALISEZ

Il y a une question éternelle pour les P.-D.G.. Qu'y a-t-il de pire ? Laisser de l'argent sur la table parce que vous ne pouvez pas traiter tous les marchés ou licencier des gens parce que vous avez surestimé les revenus ? L'idée de laisser de l'argent sur la table me donne des bourdonnements dans les oreilles, mais licencier des gens est pire.

A son apogée, Garage avait cinquante-deux personnes. Après une série de licenciements, j'ai réduit le nombre à moins de dix. Certes, presque tout le monde à l'époque pensait que le marché de technologie allait s'étendre « à l'infini et au-delà » (comme le dirait Buzz Lightyear) ; nous n'étions pas les seuls à augmenter nos effectifs.

J'ai fait une erreur et les P.-D.G.s sont payés pour faire ce qui est bien, non pour faire comme tout le monde. Un excès de personnel génère un écheveau malfaisant de problèmes. Ce n'est pas simplement de réduire l'effectif qui est une plaie, c'est tout ce qui vient dans la foulée :

• Le traumatisme dans la vie des gens qu'on licencie.
• Le traumatisme dans l'entreprise au moment où on licencie.
• L'excès d'espace de bureau quand on a un bail de longue durée.
• L'excès de mobilier et d'ordinateurs.
• Le travail pour engager des gens d'un autre profil (plus adaptés à votre nouvelle réalité) au moment même où on licencie.
• Toute la rhétorique à déployer pour convaincre le monde que vous n'êtes pas en train d'imploser.

Il y a un moyen simple de contourner le fait d'être en sous-effectifs, c'est d'externaliser autant que possible. Ne sous-traitez pas des fonctions stratégiques comme la recherche et le développement[44], le marketing et les ventes. Mais il y a peu de raisons de faire la paie en interne quand il y a des organisations comme PayChex et ADP qui peuvent s'en charger.

Faites ce que je dis, pas ce que j'ai fait. Si vous voulez *bootstrapper* votre organisation, restez en sous-effectif intentionnellement. Vous pouvez perdre quelques ventes et vous pouvez ne pas avoir la rapidité de mouvements que vous aimeriez avoir. Mais croyez-moi, c'est mieux que de débaucher les gens ou d'être à court d'argent.

44. J'ai entendu beaucoup d'arguments pour faire faire la programmation de logiciels en Russie et en Inde. C'est peut-être la chose à faire quand programmer consiste simplement à gratter des lignes de code, mais si vous travaillez à la version 1 de votre produit, je ne suis pas d'accord. La programmation à ce stade de la société est plus un art qu'une tâche à faire faire sous contrat. Léonard de Vinci n'aurait certainement pas sous-traité la table dans *La Cène* pour simplement se concentrer sur les personnages - même si après lecture du *DaVinci Code*, je ne suis pas certain de ce que je dois croire à son sujet.

CONSTRUISEZ UN CONSEIL D'ADMINISTRATION

Beaucoup d'entrepreneurs pensent qu'un conseil d'administration, c'est pour les entreprises qui ont levé des cargaisons d'argent et sont à un stade déjà avancé de leur existence. Selon cette théorie, dans l'intervalle, ces firmes doivent faire sans conseil d'administration ou se contenter d'un conseil composé seulement des gens de l'équipe.

Ce raisonnement est malsain à plusieurs titres : premièrement, les conseils ont toujours de la valeur. Leur utilité est indépendante du stade auquel se trouve la société ou des fonds qu'elle a levés.

Deuxièmement, l'argent ou les montants que vous avez levés ne sont pas les seuls éléments qui peuvent attirer des administrateurs de qualité. Parmi les autres facteurs, il y a le caractère innovateur de votre produit ou de votre service, le sens que vous voulez créer et votre personnalité.

Construire un conseil d'administration de qualité – comme rassembler une bonne équipe – et cela sans financement, en dit long sur votre produit ou votre service ainsi que sur votre charisme. De plus, un bon conseil d'administration vous aidera autant à avoir de l'argent que l'argent vous permettra d'avoir un bon conseil d'administration.

TRAVAILLEZ SUR LES TRUCS IMPORTANTS

Le *bootstrapping* tourne mal quand les entrepreneurs mettent toute leur énergie à économiser des centimes au détriment de la vision d'ensemble. La raison pour laquelle on crée une entreprise n'est pas de construire des bureaux en récupérant des portes – pas plus que d'enrichir la société Herman Miller. Voici une liste des petites choses et des choses importantes dont les entrepreneurs doivent s'occuper :

Les petites choses

- Bureaux.
- Mobilier.
- Ordinateurs.
- Équipement de bureau.
- Fournitures de bureau.
- Cartes de visite et papier à en-tête.

Les choses importantes

- Développer votre produit ou votre service.
- Vendre votre produit ou votre service.
- Encaisser l'argent de la vente de votre produit ou de votre service.

Quand c'est raisonnable, faites les choses pour pas cher et ne perdez pas d'argent avec le décorum. Comme le dit Rick Sklarin, un ancien consultant d'Accenture, « Faites un tour dans une grande surface et finissez-en ». Travaillez sur les trucs importants – cependant il n'y en pas tant que ça.

Exercice

La prochaine fois qu'il y aura une chose qui vous fera dire « je ne peux pas m'en passer », attendez une semaine et voyez si vous êtes encore en vie.

EXECUTEZ

Un ami à l'université de Stanford, qui est aussi un ancien de Sun Microsystems, George Grigoryev, me faisait remarquer que l'ennemi réel du *bootstrappeur*, n'est pas dépenser, mais la non-exécution. Si *bootstrapper* était en soi un gage de réussite, toutes les entreprises dans le monde utiliseraient des scies et des portes pour faire des bureaux. Faire dans le bon marché ne veut pas dire faire dans l'efficacité. C'est pourquoi George et moi sommes arrivés à ces recommandations sur l'art d'exécuter :

• Fixez et communiquez les objectifs. Le simple fait de fixer les objectifs et de les communiquer accroît la probabilité que votre organisation les accomplisse. Cela met tout le monde sur la même longueur d'onde et guide les employés au jour le jour sur ce qu'ils doivent faire. Ceci s'applique à toutes les tâches : finaliser les cahiers des charges, construire un prototype, gagner les premiers clients, distribuer, encaisser, recruter, finir les documents marketing...La liste est infinie.

• Mesurez les progrès. Les objectifs n'ont de sens que si vous mesurez les progrès. Ce qu'on peut mesurer peut être fait. Cela veut aussi dire qu'il vaut mieux choisir de bons objectifs – ou ce qui sera fait ne sera pas ce qu'il faut faire. Dans une *start-up*, mesurez les résultats et faites-en le compte rendu tous les mois. Quand votre entreprise sera plus avancée et plus solide, vous pourrez passer à un rythme trimestriel.

• Assignez les responsabilités à des gens précis. S'il faut plus de dix secondes pour savoir qui a la responsabilité d'un objectif, c'est que quelque chose ne va pas. Les gens qui sont bons acceptent d'être responsables. Les gens qui sont très bons demandent à l'être. Pour le bien de votre société toute entière, confiez les responsabilités à des gens précis. Une personne qui sait qu'elle va être évaluée et être tenue pour responsable n'est que plus motivée à réussir.

• Récompensez les gens efficaces. Les gens à récompenser dans une *start-up* sont ceux qui tiennent leurs promesses. Vous pouvez donner des parts, de l'argent, faire un éloge public, offrir un jour de congé ou un déjeuner – ce que vous voulez. L'important est de récompenser les gens efficaces – et seulement eux, pas ceux qui font juste leur boulot.

• Faites le suivi jusqu'à ce qu'un problème soit résolu ou devienne sans importance. Nous aimons tous travailler sur les projets les plus nouveaux ou les plus audacieux. C'est dans la nature humaine. Qui ne préfère pas être impliqué dans un produit de pointe plutôt que dans la correction de celui qui existe ? Ne vous arrêtez pas quand quelque chose devient simplement ennuyeux. Corriger des bogues peut vous ennuyer, mais cela n'ennuie pas le client qui vient d'acheter votre produit.

• Ecoutez Morpheus. Le réalisme est l'allié de l'exécution. Donc faites attention à ce que vous dit Morpheus. On est tous dans la dénégation de quelque chose. Un certain sens de la dénégation est une bonne chose pour un entrepreneur – par exemple, dire que les « experts » ont tort quand ils prédisent que vous ne pouvez pas réussir. Le point critique est de savoir si cette dénégation va faire du mal à votre société. Insistez sur le côté réaliste et votre firme *bootstrappera* mieux.

• Créez une culture de l'exécution. Exécuter, ce n'est pas faire un coup. Ce n'est pas non plus cocher des cases qui décrivent les objectifs comme si vous aviez un professeur de sixième sur le dos. Non, exécuter est une culture qui génère des habitudes dans toute l'organisation. La seule façon pour que cette culture s'établisse, c'est que le P.-D.G. donne l'exemple : réponde aux questions, résolve tous les problèmes et promeuve ceux qui ont des résultats. C'est ce qui communique un message non ambigu : l'exécution compte dans cette organisation.

FAQ

Q. Comment puis-je savoir à quel moment bootstrapper nous a permis d'aller aussi loin qu'il était possible ?

R. Cette question a toutes les apparences d'une question logique, mais elle se pose rarement. Si votre *bootstrapping* se passe bien, vous aurez les moyens de financer de nouvelles initiatives. La question qui se posera à vous sera plus probablement : « Que ferais-je si j'avais plus de capital ? »

Q. Vais-je renoncer à la croissance – et peut-être même au succès – si je bootstrappe trop ?

R. Aucun exemple ne me vient à l'esprit. Il y a plus de risque que vous gâchiez une opportunité par excès que par manque d'argent En d'autres termes, regardez le capital-risque comme un stéroïde : il peut vous donner un avantage immédiat, mais il peut aussi vous tuer.

Q. Si je peux bootstrapper avec succès, dois-je chercher de l'argent à l'extérieur ? Est-ce un problème de procéder comme avant ?

R. Je réponds à ces questions, « Non » et « Aucun problème ». Du capital venant de l'extérieur est une façon de faire – et seulement une. Le but est de construire quelque chose bien, et peu importe la façon de lever des fonds.

Q. Si nous avions plusieurs millions de dollars venant de capital-risqueurs, ne nous prendrait-on pas plus au sérieux ?

R. Seulement les gens qui n'ont pas d'importance vous prendraient plus au sérieux. Si vous levez vraiment ces millions, servez-vous en pour ajouter à votre crédibilité, mais ne pensez pas que c'est une garantie de succès. Si vous ne levez pas ces millions, n'ayez pas des sueurs froides. Construisez seulement une superbe affaire et n'ayez pas de regret.

Q. Compte tenu de l'importance que vous attachez à l'exécution, qu'est-ce que je fais si quelqu'un n'exécute pas ? Dois-je tout simplement renvoyer cette personne ?

R. Ce n'est pas si simple. Trouvez la raison pour laquelle cette personne n'exécute pas. Il peut y avoir eu des problèmes sur lesquels elle n'avait pas de contrôle. Trouvez ces problèmes et résolvez-les autant que possible. La bonne méthode est de traiter cette personne comme vous voudriez être traité vous-même par votre conseil d'administration. Si cela ne marche pas, tranchez dans le vif, agissez rapidement et avec résolution.

LECTURES RECOMMANDEES

GODIN (Seth), *The Bootstrapper's Bible: How to Start and Build a Business With a Great Idea and (Almost) No Money.* Chicago: Upstart Publishing, 1998.

HESS (Kenneth L), *Bootstrapping: Lessons Learned Building a Successful Company from Scratch.* Carmel, CA: S-Curve Press, 2001.

Chapitre VI
L’art de recruter

Il est essentiel d'employer, de récompenser des gens dont l'optique est radicalement différente de la vôtre, et de leur faire confiance. C'est aussi rare, car ceci requiert des capacités d'humilité, de tolérance et de sagesse hors du commun.

Dee W. HOCK

L'ESSENTIEL

Parmi tout ce qu'un entrepreneur doit faire, il y a peu de tâches plus passionnantes que celle de recruter des employés dans une *start-up* qui tourne. Quoi de mieux que de chercher des gens pour aider à changer le monde ? Et il est de fait qu'il n'y a pas grand-chose de plus important dans une *start-up* que d'avoir des « bons ».

La capacité à recruter commence au sommet : les P.-D.G.s doivent recruter les meilleures personnes possibles. Ensuite, la capacité à recruter requiert qu'on regarde au-delà de détails superficiels comme la race, les croyances, la couleur, l'éducation et l'expérience professionnelle. Vous devez plutôt vous concentrez sur trois choses :

1. Le candidat est-il capable de faire ce dont vous avez besoin ?
2. Le candidat croit-il au sens de ce que vous êtes en train de créer ?
3. Le candidat a-t-il les points forts dont vous avez besoin (et pas seulement des points faibles que vous cherchez à éviter) ?

Si les candidats réussissent ces tests, prenez-les, mais faites-le intelligemment en utilisant toutes vos armes, en négociant au bon moment et après avoir vérifié vos intuitions par deux fois.

Une fois qu'ils sont à bord, définissez une période de lune de miel pendant laquelle les deux parties ont la possibilité de voir si les choses marchent. Enfin, ayez pour philosophie de « recruter » vos employés chaque jour – pour être sûr qu'ils auront envie de revenir le lendemain.

EMBAUCHER DES ACTEURS DE SERIE « A »

« Ma prémisse est que le leadership,
c'est produire plus de leaders, et non plus de suiveurs ».
Ralph NADER

L'adage de Steve Jobs était que des acteurs de série A engagent des acteurs de série A ; les acteurs de série B engagent des acteurs de série C ; et les acteurs de série C engagent des acteurs de série D. On arrive très rapidement au Z – un effet en cascade qui inonde les sociétés de nullités.

S'il y a une chose que doit faire un P.-D.G., c'est embaucher une équipe de direction meilleure que lui. S'il y a une chose que doit faire une équipe de direction, c'est embaucher des employés meilleurs qu'elle. Pour que ce soit le cas, il faut deux qualités chez ce P.-D.G. (et son équipe de direction) : premièrement, l'humilité d'admettre qu'il y a des gens qui remplissent mieux une fonction. Deuxièmement, une fois qu'on a admis cela, avoir assez de confiance en soi pour être capable de recruter ces gens-là.

Je suis d'accord, le conseil d'embaucher des acteurs de série A n'est pas une révélation et pourtant bien des entreprises sont remplies de nuls. La raison en est que la plupart des gens ne font pas attention à ce principe et qu'il est difficile d'éliminer les salariés incompétents. Je ne puis vous forcer à suivre ce conseil, mais je peux vous donner cinq moyens d'éviter d'embaucher les mauvaises personnes.

• Ne confondez pas la relation et la cause. Un candidat peut avoir travaillé dans une entreprise au moment où cette organisation a réussi ; cela ne veut pas nécessairement dire qu'il était à l'origine de ce succès. Il a pu se trouver là au bon moment. La marée montante fait flotter tous les bateaux.

Pour départager les aigles et les dodos[45], renseignez-vous sur les projets précis gérés par le candidat et analysez le résultat. Essayez aussi de trouver quelqu'un dans la société qui a travaillé avec la personne pour savoir si le candidat a été la cause d'un succès ou s'il est simplement associé à ce succès.

Ne confondez pas les compétences utiles à une grande société avec les compétences nécessaires dans une entreprise nouvelle. Le succès dans une grande entreprise ne garantit pas le succès dans une *start-up*. Un directeur chez Microsoft (avec son image établie, des moyens infinis et 100 % du marché) peut ne pas être la personne adéquate pour la boîte de « deux types dans un garage ».

COMPETENCES POUR UNE GRANDE ENTREPRISE	**COMPETENCES POUR UNE STARTUP**
Cirer les pompes du patron.	Etre le patron.
Générer des profits sur papier.	Générer de la trésorerie.
Sortir victorieux de poursuites anti-trust.	Mettre en place une tête de pont.
Faire évoluer des produits et des services.	Créer des produits et des services.
Etudes de marché.	Vendre.
Ereinter les circuits de distribution.	Etablir un circuit de distribution.

45. Le dodo, aussi appelé « dronte », était un oiseau coureur incapable de voler. Le terme « dodo » veut aussi dire « andouille » en américain familier. (NDT)

• Exagérez vos attentes. Mettez bien en évidence que travailler dans une *start-up* diffère de ce à quoi ils peuvent être habitués dans leur société précédente : « Pouvez-vous fonctionner sans secrétaire, voyager en classe économique et vivre dans des motels bon marché ? » Il est possible que vous fassiez ainsi fuir quelques candidats souhaitables, mais cela vaut le coup de prendre ce risque pour éviter des gens qui ne peuvent pas fonctionner dans une *start-up*.

• Lisez entre les lignes quand vous vérifiez les références. Les lois américaines interdisent de fournir des références qui empêcheraient un candidat de trouver un job. Ainsi, si vous n'obtenez pas une référence où tout est au superlatif, cela veut dire qu'elle est négative. Si la référence vous renvoie au département des ressources humaines, vous savez que le candidat a eu des problèmes. (Pour plus d'information sur la vérification des références, voir la fin de ce chapitre.)

• Faites confiance au meilleur filon. Vos employés actuels sont le meilleur filon pour trouver des gens géniaux et empêcher l'invasion des nuls dans votre organisation. Si vos employés n'ont pas la motivation de faire venir des bons, qui l'aura ? Si vous hésitez entre deux candidats et qu'un employé connaît l'un des deux, c'est, en général, celui-là qu'il faut prendre.

Bien des entrepreneurs ne se rendent pas compte de ceci, mais les *start-up* ont besoin de trois sortes d'acteurs de série A. Premièrement, des *kamikazes* qui veulent bien travailler quatre-vingts heures par semaine pour réussir. Deuxièmement, des gens capables de mettre en oeuvre qui passent derrière le premier groupe. Troisièmement, des opérationnels parfaitement heureux de faire marcher l'infrastructure.

Ainsi, les bonnes recrues ne doivent pas être seulement meilleures que le P.-D.G. et l'équipe de direction, elles doivent aussi être différentes. Les *start-up* ont besoin de gens avec des compétences diverses qui sont complémentaires et ne se chevauchent pas. Par exemple, un P.-D.G. au profil d'ingénieur doit engager quelqu'un qui a des compétences commerciales, et non un autre ingénieur pour s'occuper des ventes.

EMBAUCHEZ DES GENS « CONTAMINES »

Il n'est pas suffisant que les candidats soient bons et différents les uns des autres ; il faut aussi qu'ils y croient. Travailler dans une *start-up* n'est pas facile : les salaires ne sont pas élevés, les avantages maigres et la société risque d'être à court d'argent. Donc croire à ce que vous faites est aussi important que la compétence et l'expérience. Il est souvent plus facile d'apprendre à un candidat contaminé à faire son boulot que d'apprendre à un agnostique (ou un athée) à croire en Dieu.

Je recommande de donner une chance à tout candidat raisonnablement qualifié qui croit à ce que vous faites. Cela veut dire que la personne est un utilisateur de votre produit ou de votre service. C'est pourquoi votre base de clients est le terrain le plus fertile où recruter. Par exemple, un amateur du Macintosh était un bon candidat pour Apple.

Si le candidat ne vient pas vers vous en croyant avéré, utilisez les techniques suivantes pour savoir s'il « pige »:

- Demandez au candidat de faire une démonstration de votre produit ou de votre service. (Certes, les sociétés aux produits médiocres courent le risque de perdre des candidats). Celui qui aime vraiment un produit ou un service sera capable de l'expliquer.

- Notez combien de temps le candidat passe à parler de son salaire, des avantages sociaux et en nature par rapport au temps qu'il passe à discuter de votre produit ou de votre service. Cela vous donne un assez bon moyen de juger si le candidat voit le poste comme un moyen de faire de l'argent ou de créer du sens.

• Analysez les questions du candidat : révèlent-elles une bonne connaissance de votre entreprise ? Ou bien, le candidat est-il en train d'apprendre le b.a-b.a – ce que vous faites, quels sont vos clients et quels sont vos concurrents ?

IGNOREZ CE QUI NE COMPTE PAS

Il y a pénurie d'acteurs de série A dans le monde. En conséquence, il est stupide (pour ne pas dire illégal) de prendre des décisions d'embauche sur la base du sexe, de la race, de la religion, des préférences sexuelles ou de l'âge. Pourquoi limiter le parc génétique en se mettant des oeillères ?

L'objectif est de créer du sens et de changer le monde. Nombreux sont ceux qui mettent trop l'accent sur l'expérience et les antécédents des candidats. Pour déformer un mot de George Orwell, l'ignorance est une bénédiction.

Il est parfois payant d'ignorer des antécédents imparfaits ou sans rapport avec votre affaire, comme il est tout aussi payant d'ignorer des antécédents parfaits ou en rapport avec votre *business*. Dans les deux cas, cela peut être sans importance.

• Expérience dans une grande société prospère. Comme nous en avons discuté plus tôt, un *pedigree* dans une grande entreprise n'est pas un gage de succès dans un environnement de *start-up*. Ces antécédents peuvent, éventuellement, être bons pour lever des fonds, mais il n'y a pas grande place pour faire de l'étalage dans une *start-up*. Seule importe la question : « Le candidat était-il un agent du succès ou seulement un comparse ? ».

• Expérience dans une société qui a échoué. C'est l'inverse de l'expérience dans une grande entreprise prospère. Plusieurs facteurs ont pu causer l'échec d'une société – et peut-être le candidat était-il l'un d'eux. Ou peut-être que non. L'échec, cependant, est souvent un meilleur maître que le succès. Le candidat à éviter, cependant, est celui qui montre une histoire professionnelle continue de ratages.

• Education. Vous voulez des gens intelligents, pas nécessairement des gens diplômés. Ce n'est pas la même chose. Steve Jobs n'a jamais terminé sa scolarité à Reed College. Steve Case, le fondateur de AOL, est allé à Punahou[46]. La moitié des ingénieurs du groupe Macintosh n'avaient pas fini leur cursus universitaire non plus. J'ai abandonné la faculté de droit et la Stanford Business School ne m'a pas accepté.

• Expérience dans la même industrie. L'expérience dans la même industrie est à double tranchant. D'un côté, comprendre le jargon de l'industrie et y avoir déjà des relations sont utiles. De l'autre, un candidat qui est enfermé dans sa vision d'une industrie (« c'est comme cela que l'interface d'un ordinateur doit se présenter ») peut présenter un problème.

• Expérience dans une fonction identique. L'expérience dans une fonction identique est aussi à double tranchant. Apple a engagé un jour un dirigeant qui venait d'une affaire de tampons parce que nous pensions qu'il fallait des compétences sur le marché de la grande consommation pour vendre le Macintosh comme un produit grand public. Néanmoins, son expérience ne s'est pas traduite efficacement dans le commerce des ordinateurs. D'un autre côté, Ford créa sa première chaîne de montage de voitures

46. C'est une blague entre Hawaiiens. Il est suffisant que je dise que je suis allé à Iolani. [Iolani est l'université qu'a fréquenté Guy Kawasaki. L'université rivale est Punahou. La concurrence entre Iolani et Punahou est comparable à celle qu'il y a entre Stanford et USC. (NDT)

grâce à la compétence de gens responsables de l'emballage de la viande ou ayant travaillé dans des greniers à blé et des brasseries[47].

Il y a une dernière caractéristique qu'il faut souvent ignorer : certaines faiblesses fonctionnelles. On ne peut pas dire que l'un des points forts de Steve Jobs soit la compassion. Et l'esthétique industrielle n'est pas le point fort de Bill Gates. Est-ce à dire qu'il ne faut pas embaucher le prochain Steve Jobs ou le prochain Bill Gates en raison de ces faiblesses ? Il y a deux théories dans l'embauche :

- Trouver le candidat qui n'a pas de faiblesses majeures (mais pas de points forts majeurs non plus).
- Trouver le candidat qui a des points forts majeurs (même s'il a des faiblesses majeures).

Le premier point de vue ne tient pas car chacun a des faiblesses majeures. Les trouver est juste une question de temps. Etre bon dans un domaine est déjà assez difficile ; essayer de trouver des gens qui savent tout faire est « Mission Impossible ».

Le second point de vue est celui qu'il faut adopter. Une équipe de gens avec des points forts majeurs et diversifiés : c'est ce dont votre organisation a besoin dans la première période de son existence, quand les effectifs sont bas et qu'il n'y a pas de place pour la redondance. Les gens très efficaces tendent à avoir des faiblesses majeures. Les gens sans faiblesses majeures ont tendance à être médiocres.

47. HARGADON (Andrew), *How Breakthroughs Happen: The Surprising Truth About How Companies Innovate* (Boston: Harvard Business School Press, 2003), 42-43.

Exercice

Repensez à vos premiers jobs. Vrai ou faux ?

a) J'étais parfaitement qualifié.

b) J'impose aux candidats des critères plus exigeants que ceux des gens qui m'ont embauché.

UTILISEZ TOUTES VOS ARMES

Alors que j'écris en 2004, il semble ridicule d'avoir des soucis de recrutement quand les gens cherchent désespérément un job. Cependant, que les temps soient bons ou mauvais, il est difficile d'embaucher les meilleurs. Donc quand vous mettez la main sur un bon, utilisez toutes vos armes.

La plupart des gens pensent que les outils de recrutement se limitent au salaire, aux actions et aux avantages périphériques comme le système d'assurance et de soins médicaux. Mais vous avez plus d'atouts à votre disposition :

• Votre vision. Pour beaucoup, l'argent n'est pas la récompense la plus importante dans un job. Ils veulent bien travailler pour moins d'argent si c'est pour créer plus de sens et changer le monde.

• Votre équipe. Ne limitez pas les entretiens du candidat aux entretiens avec son futur supérieur hiérarchique immédiat ou ses collègues. Si vous avez quelques superstars dans d'autres départements, faites-les entrer dans l'entreprise de séduction.

• Vos administrateurs, conseillers et investisseurs. Il y a quelque chose de convaincant à les présenter. Ils sont habituellement connus, respectés et riches. Ils peuvent persuader les candidats d'accepter le poste, donc demandez-leur de rencontrer vos meilleurs candidats.

• La valeur potentielle d'un CV. Ne nous faisons pas d'illusions : peu de gens travaillent dans la même entreprise pendant toute leur carrière. Si vous pouvez obtenir quelques bonnes années de gens remarquables et les aider à monter leur CV, faites-le. En plus, on ne sait jamais, ils peuvent rester plus longtemps que vous ne le pensez.

• Une fois que vous vous êtes décidé sur quelqu'un, mettez le paquet et utilisez toutes vos armes pour l'engager.

CONVAINQUEZ TOUS LES DECIDEURS

La plupart des gens présume que le seul décideur dans la recherche d'un travail est le candidat. Ceux qui sont un peu plus clairvoyants prennent aussi en compte le conjoint. Cela dit, accepter un poste, en particulier dans une *start-up*, est habituellement un phénomène encore plus complexe.

Parmi les décideurs, il peut aussi y avoir les enfants, les parents et les amis du candidat. On peut facilement imaginer que quelqu'un demande à un parent s'il devrait travailler dans une *start-up* et que ce parent lui réponde : « Non. C'est trop risqué. Trouve un job dans une société sûre qui en a pour longtemps, comme, par exemple, Arthur Andersen ou Enron.»

C'est pourquoi n'omettez pas de demander au candidat quels sont tous les décideurs importants et voyez avec le candidat comment vous pouvez aussi répondre à leurs préoccupations. Cependant, certains candidats peuvent aussi penser que c'est une question piège : « Si j'admets que mes parents sont impliqués dans le processus, on va penser que je suis une mauviette et on ne va pas m'engager. » Donc faites de votre mieux pour leur assurer que la question est sérieuse.

Vous allez dans la mesure du possible trouver tous les décideurs pour harmoniser au mieux ce qui convient à la fois à votre entreprise et au candidat. Quand vous avez appris quels sont tous les décideurs, convainquez-les eux aussi.

ATTENDEZ POUR LA REMUNERATION

Bien des sociétés font l'erreur de faire une offre trop tôt dans le processus afin de montrer à quel point ils sont intéressés à faire aboutir la transaction. C'est une grosse erreur.

Cette offre doit être faite à la fin du processus de recrutement. Ce n'est pas un outil de négociation pour faire dire « oui » au candidat. Ne l'utilisez que pour confirmer un accord oral. C'est comme une demande en mariage: faites-la quand la réponse sera « oui ».

INTERPRETEZ LES MENSONGES

Amy Vernetti, un chasseur de têtes à Kindred Partners, a dressé une liste des dix mensonges principaux des candidats à un emploi quand elle travaillait à Garage. Etudiez-les. Cela vous aidera à éviter les erreurs d'embauche.

MENSONGE	VERITE
« J'ai déjà trois autres offres. Donc il faut que vous vous décidiez rapidement. »	J'ai eu trois autres entretiens et personne ne m'a encore rejeté.
« J'avais la responsabilité de l'alliance stratégique de ma société avec Microsoft. »	J'ai pris le fax après la signature du document par Bill Gates.
« Je quitte mon entreprise après seulement quelques mois, car elle ne correspond pas à ce que le P.-D.G. m'avait dit. »	Je ne sais pas analyser une offre.
« Je ne suis jamais resté dans une société plus d'un an parce que je m'y ennuierais. »	Il faut à peu près un an pour que les gens se rendent compte que je suis nul.
« Je n'avais pas vraiment de chef direct dans ma société précédente. »	Personne ne voulait de moi dans son département.
« Mes références sont, pour la plupart, des amis personnels parce que ce sont eux qui me connaissent le mieux. »	Personne, parmi les gens avec qui j'ai travaillé, ne veut être ma référence.
« Vous n'avez jamais entendu parler de mes trois employeurs précédents parce que leurs projets sont encore confidentiels. »	Toutes les sociétés pour lesquelles j'ai travaillé se sont effondrées.
« Je ne travaille plus avec l'entreprise, mais je garde d'excellents rapports avec les gens. »	Il a fallu que je signe un accord pour obtenir des indemnités de départ.
« Je suis directeur, mais je n'ai pas de subordonnés. »	N'importe quel nullité peut devenir directeur dans la société.
« Je m'attends à au moins doubler ma rémunération antérieure. »	J'étais surpayé et je comprends que je dois m'attendre à être à moins payé si je trouve une bonne occasion.

VERIFIEZ VOS INTUITIONS PAR DEUX FOIS

Selon la sagesse commune, pour faire une très bonne embauche, vous devez apprendre à faire confiance à votre intuition. Vous serez fréquemment confronté à deux situations lors d'un recrutement :

• La formation et les antécédents du candidat ne sont pas tout à fait comme il faut. C'est pour cela que certains pensent que vous ne devriez pas l'engager. Le côté rationnel en vous dit « Ne le recrute pas. Il n'a pas l'expérience qui convient », mais votre intuition vous dit « Prends-le ».

• Le candidat est parfait sur le papier (éducation, expérience professionnelle, etc.) et le reste de l'équipe pense que vous devriez le prendre, mais votre intuition vous dit de laisser tomber.

Ce sont deux situations où vous voulez faire confiance à votre intuition. Malheureusement, votre intuition a souvent tort. Il est possible qu'un candidat vous ait plu, ce qui vous a fait assouplir vos questions et réduire la vérification des références. De plus, vous pouvez être tenté de ne vous souvenir que des cas où votre intuition a eu raison et, parce que cela vous arrange, avoir oublié quand elle a eu tort. Suivez cette procédure[48] pour contrebalancer son influence excessive :

• Préparez la structure de l'entretien à l'avance. Vous et votre équipe devez décider avec exactitude du style, du type de savoir, du genre de personnalité et de l'expérience nécessaires pour le poste avant de procéder aux entretiens.

48. Inspiré par G. MEYERS (David), *Intuition: Its Powers and Perils,* (Yale University Press: New Haven, CT, 2002),196.

• Posez des questions relatives à des situations de travail spécifiques. Par exemple, pour un directeur du marketing, posez des questions comme celles-ci :

Comment avez-vous géré un lancement de produit ?
Comment avez-vous défini les fonctionnalités d'un nouveau produit ?
Comment avez-vous convaincu l'ingénierie de mettre en œuvre ces fonctionnalités ?
Comment avez-vous choisi votre société de relations publiques ?
Comment avez-vous choisi votre agence de publicité ?
Comment avez-vous géré une crise, comme, par exemple, un produit défectueux ?

• Tenez-vous au scénario. Minimisez les questions spontanées qui peuvent suivre et évitez de créer des questions nouvelles en temps réel. Si vous avez peur de donner une image rigide et distante au candidat, expliquez que vous utilisez une technique trouvée dans « ce livre concernant les *start-up* » que vous avez lu et qu'en temps normal, vous n'êtes pas comme cela.

• Limitez les questions ouvertes. Par exemple, tout candidat qui se respecte peut bluffer quand on lui pose des questions comme « Pourquoi voulez-vous travailler pour cette organisation ? » Des questions plus précises sont meilleures: « Quels sont les exploits dont vous êtes le plus fier ? » « Quels sont vos plus gros échecs ? » et « Quelle expérience vous a le plus appris ? »

• Prenez beaucoup de notes. Vous aurez besoin de ces notes pour vous souvenir avec exactitude de ce qu'a dit un candidat. Ne vous fiez pas à votre mémoire, car le temps comme vos réactions personnelles aux candidats déforment vos souvenirs.

• Vérifiez les références de bonne heure dans le processus. Bien des entreprises vérifient les références d'un candidat une fois qu'elles ont décidé de lui faire une offre. C'est le plus sûr moyen de vous mettre dans la situation de n'entendre et de ne vouloir entendre que les commentaires qui vous conforteront dans votre décision.

Grosse erreur. Vous devez vérifier les références pour décider si le candidat est acceptable, non après avoir déjà décidé qu'il l'était mais pour en avoir la confirmation. (Pour plus d'information sur la vérification des références, voir la fin de ce chapitre.)

Si, au terme de ce processus, votre intuition vous dit une chose, mais « les faits » une autre, répondez à ces questions :

- Devriez-vous aimer le candidat (parce qu'il a les bonnes qualifications) alors que vous ne l'aimez pas ?
- Devriez-vous ne pas aimer le candidat (parce qu'il n'a pas les bonnes qualifications) alors que vous l'aimez ?
- Votre intuition repose-t-elle sur des éléments objectifs ?
- Votre entretien se serait-il passé différemment si vous l'aviez fait par téléphone ? Ne nions pas que l'apparence physique du candidat peut influencer un entretien.

Une fois toutes ces précautions prises, faites ce que votre intuition vous dit de faire. J'ai été bien inspiré de suivre mon intuition dans le passé (mais ma mémoire est sélective). Et je serais hypocrite si je vous disais de vous fier « aux faits, et aux faits seulement » parce que Apple m'a un jour engagé, moi un ancien vendeur de bijoux avec un diplôme de psychologie pour promouvoir le produit le plus important de son histoire.

Sur papier, je n'étais pas, ni de près ni de loin, la personne qu'il fallait pour promouvoir le Macintosh auprès de développeurs de logiciels. Quelqu'un a eu une réaction viscérale positive à mon égard – ou du moins pas trop négative. Ou bien Steve Jobs n'était pas au bureau ce jour-là.

APPLIQUEZ LE TEST DU STANFORD SHOPPING CENTER

Il y a un test de plus pour un candidat une fois que vous avez vérifié votre intuition. C'est le test du Stanford Shopping Center, un centre commercial situé à Palo Alto, près de Menlo Park, Portola Valley et Woodside, des communes peuplées par des entrepreneurs, des capital-risqueurs et des investisseurs institutionnels. En conséquence, quand vous y allez faire vos achats, vous y voyez infailliblement quelqu'un qui est dans le domaine de la haute technologie.

Il y a quelques années, je me trouvais dans le centre commercial quand je vis un développeur de logiciels pour le Macintosh, mais il ne m'avait pas encore remarqué. A cet instant précis, je fis demi-tour brusquement pour éviter d'avoir à lui parler parce que c'était un casse-pieds. Cette expérience m'a conduit à créer le test du Stanford Shopping Center.

Voici comment il fonctionne. Supposez que vous êtes dans un centre commercial. Vous voyez un candidat (un employé, un partenaire ou un prestataire de services) avant que lui ne vous remarque. A ce stade, vous pouvez faire trois choses :

- Vous précipiter vers lui pour lui dire bonjour.
- Vous dire que s'il vous voit, ça va, mais que si ce n'est pas le cas, ça ira aussi.
- Prendre votre voiture pour aller à un autre centre commercial.

Quoi que vous dise votre intuition, n'engagez et ne gardez que des gens vers lesquels vous iriez tout de suite pour engager une conversation. Si vous vous trouviez à choisir les options 2 ou 3, ne prenez pas cette personne. La vie est trop courte pour travailler avec des gens qu'on n'aime pas – surtout si l'entreprise est jeune et petite.

DEFINISSEZ UNE PERIODE D'ESSAI

En dépit de tous vos efforts, votre processus de recrutement (ou votre intuition) tourne quelquefois mal, et le nouvel employé ne répond pas à vos attentes. Pour moi, une des tâches les plus difficiles est d'admettre cette erreur et de la corriger.

Toutefois, s'il y a une chose plus pénible que de licencier quelqu'un dont vous ne voulez pas, c'est de renvoyer des gens que vous voudriez garder. Soyez assuré que si vous ne faites pas ces corrections en temps voulu ou si vous ne licenciez pas les gens avec qui ça ne marche pas, vous augmentez la probabilité de devoir faire un licenciement plus important.

A la fois pour l'entreprise et pour l'employé (car c'est aussi une bonne chose pour l'employé que de cesser de travailler dans une organisation qui ne lui convient pas), établissez une période d'essai. Plus les objectifs sont précis, mieux c'est. Par exemple, les objectifs pour un commercial pourraient comprendre ce qui suit :

- Terminer la formation sur le produit.
- Terminer la formation commerciale.
- Participer à cinq rendez-vous avec des clients.

Cette période doit être plus longue que la période d'idylle suivant l'embauche, mais plus courte que le temps nécessaire pour se demander pourquoi l'avoir engagé ?

En bref, trois mois.

Mettez-vous d'accord sur le fait que, au terme de trois mois, vous ferez le point ensemble pour discuter de ce qui va bien, de ce qui va mal et de ce qu'on peut améliorer. Certains problèmes seront de votre fait !

NE CROYEZ PAS QUE VOUS ETES QUITTE

En 2000, Garage a recruté un investisseur connu d'une banque d'affaires, elle-même connue. Cela a pris des semaines de pourparlers et deux allers-retours d'offres et de contre-propositions, car son employeur du moment avait amélioré sa rémunération.

Finalement, nous l'avons gagné. Tout était en place. Lui et sa famille vinrent même au barbecue pour les familles organisé par notre société. Quelques semaines plus tard, il commença chez nous. Il vint au travail quelques jours. Ensuite, il prétendit être malade pendant deux jours. Tard un soir, je reçus un e-mail de lui me disant qu'il démissionnait.

Il quitta Garage pour travailler chez un ancien client de sa banque d'affaires. Quelques mois plus tard, il était de retour chez son employeur d'origine. J'ai retenu trois leçons de cette expérience :

- Nous aurions dû mieux vérifier qui il était ; nous aurions peut-être appris qu'il n'était pas fait pour une *start-up*.

- Faites attention au « syndrome grande société. » Je veux dire par là que, lorsqu'une personne a travaillé dans une firme de premier ordre et de prestige, il est hautement improbable qu'elle s'adapte à une *startup* qui *boostrappe*.

- N'imaginez jamais que vous êtes quitte. Le recrutement ne s'arrête pas au moment où un candidat accepte votre offre. Ni quand il démissionne de chez son employeur. Ni le dernier jour chez son employeur. Pas même quand il commence dans votre entreprise.

En vérité, recruter est sans fin. Chaque jour est un nouveau contrat entre une *start-up* et un employé.

Mini-chapitre
L'art de vérifier les références

Vous ne pouvez pas vous créer
une réputation sur ce que vous allez faire.
Henry FORD

La vérification des références est un aspect capital dans le recrutement d'une équipe de choc. Pourtant, les *start-up* s'en occupent habituellement à la va-vite et de façon informelle – en général après que la société a pris la décision d'embauche. Voici une brève leçon sur la vérification des références qui vous permettra d'améliorer vos résultats – c'est un cadeau d'Amy Vernetti, chasseur de têtes chez Kindred Partners,

Le but de la vérification des références n'est pas de disqualifier le candidat, mais de rechercher une cohérence dans sa manière de se présenter. Dans la foulée, vous cherchez des indices pour savoir si le candidat sera efficace dans votre entreprise.

Pour faire un portrait complet du candidat, parlez à au moins deux de ses subordonnés, de ses collègues, de ses supérieurs hiérarchiques et de ses clients. Des investisseurs ou des administrateurs sont aussi des références intéressantes.

Voici des suggestions de questions à poser :

• Comment connaissez-vous cette personne ? Depuis combien de temps ?
• Quelles sont vos impressions générales sur elle ?
• Comment la classeriez-vous par rapport à d'autres dans des postes semblables ?
• Quelles sont ses contributions à votre entreprise ?
• Comment la perçoit-on dans la société ?

• Quelles sont ses compétences particulières ? Quelle tâche accomplit-elle le mieux/le moins bien ? (Quels sont ses points forts ? Ses faiblesses ?)
• Quel est son style de communication et de direction ?
• Dans quels domaines doit-elle s'améliorer ?
• Peut-elle opérer efficacement dans une petite structure ?
• Comment qualifieriez-vous son éthique professionnelle ?
• L'engageriez-vous à nouveau ? Travailleriez-vous avec elle à nouveau ?
• A qui d'autre pensez-vous qu'il soit utile de parler d'elle ?

En même temps que vous suivez les suggestions d'Amy sur la vérification des références, obtenez des références non sollicitées, que le candidat n'a pas mentionnées. Trouvez un salarié de cette firme et renseignez-vous sur le candidat. Vous pouvez aussi appeler la société et simplement demander à la réception qu'on vous mette en contact avec un de ses collègues.

FAQ

Q. Dans l'entretien avec un candidat, dois-je être honnête sur les faiblesses et les points forts de l'entreprise ?

R. Mettons bien les choses au clair : Vous vous demandez si vous devez mentir aux candidats, en sachant que s'ils prennent le job, ils vont découvrir les failles de votre entreprise ?

Présentez les choses comme cela. Minimisez les espérances. Votre franchise suscitera trois types de réponses. Certains voudront simplement que vous expliquiez les problèmes. Passez alors en revue la liste des difficultés et expliquez-les. Sans doute veulent-ils seulement savoir dans quoi ils s'engagent et vous ne les effrayerez pas.

D'autres candidats aiment les défis. Pour eux, les problèmes sont des tremplins. Pensez à une phrase de ce genre : « Vous êtes celui dont nous avons besoin pour nous sauver. Etes-vous capable de monter au créneau et d'être un héro ? »

Vous allez épouvanter le troisième type de candidat. Mais de toute façon, c'est qu'il n'était pas adapté à une *start-up*. Vous vous êtes fait un cadeau.

Q. N'avoir qu'un petit nombre d'employés fait-il une mauvaise impression à l'extérieur ? Vaut-il mieux avoir six employés à mi-temps plutôt que trois employés à plein temps, du point de vue du nombre ?

R. Avoir six employés à mi-temps pour avoir l'air plus grand est dément. Si vous faites cela pour d'autres raisons – comme offrir des horaires flexibles en vue d'avoir des gens meilleurs, par exemple – ça va. Mais pas pour la raison idiote que vous donnez.

Q. Quel est le bon moment pour recruter des cadres dirigeants : avant ou après le financement de l'organisation ?

R. Beaucoup de gens pensent que le processus de démarrage d'une organisation se fait dans un ordre précis : A est suivi par B, B par C, etc. Ce n'est pas si simple. Débuter implique des processus parallèles : vous faites A, B, et C en même temps. Pour répondre à votre question, faites des recrutements avant, pendant et après le processus de financement.

Attention, cependant, de ne pas tomber dans le piège suivant : un investisseur vous dit d'engager un directeur « de classe internationale ». Vous interprétez cela comme un feu vert. Vous recrutez cette personne et vous retournez voir l'investisseur qui trouve autre chose : « C'est bien. Maintenant, montrez-nous qu'il y a des clients qui paient vraiment votre produit ». Moralité : Ne recrutez pas pour faire plaisir à un investisseur. Recrutez pour construire une structure excellente .

Q. Dois-je dépenser de l'argent en versant un acompte à un chasseur de têtes ou compter sur ma capacité à attirer les talents ?

R. Avant le financement, votre tâche est d'utiliser votre passion pour drainer votre réseau afin de trouver la bonne personne sans dépenser d'argent. Après le financement, faites ce que vous devez faire – y compris payer un chasseur de têtes.

Q. Si on me le demande, dois-je donner un ordre de salaire ?

R. Non. Si on vous le demande directement, faites ce type de réponse : « Nous paierons ce qu'il faut pour avoir un très bon candidat ». Puis demandez : « quel est votre salaire actuel ? » Cela leur apprendra à poser des questions difficiles.

Il est prématuré de donner des chiffres au début du processus d'entretien. Les candidats se souviendront de ce que vous avez dit – notamment ceux qui sont sur le dessus du panier. Et le chiffre que vous lancerez, quel qu'il soit, pourrait affecter les réponses des candidats pendant l'entretien.

Q. Si mon objectif est de recruter « des gens qui ont plus de talent que moi », comment puis-je garder le contrôle de mon entreprise et éviter d'être éjecté de ma propre entreprise ?

R. Cette question en dit plus sur vous que ce que vous aviez l'intention de le faire. Votre objectif ne devrait pas être de « garder le contrôle » et « d'éviter d'être renvoyé », mais de construire une excellente entreprise. Il se peut que vienne le moment où vous devrez être exclu. Faites-vous à cette idée. Préférez-vous une société médiocre qui échouerait, mais dont vous auriez le contrôle jusqu'à la dernière extrémité ?

Q. Je travaille avec mon meilleur ami. Dois-je formaliser notre accord ?

R. Oui, absolument. Les temps changent, les gens changent et les entreprises changent. Aussi difficile et inapproprié que cela puisse paraître, vous le devez. Un accord en bonne et due forme peut s'avérer une excellente chose pour votre amitié et votre affaire.

Q. Quelle indemnité attrayante et raisonnable donner à un administrateur dans mon conseil d'administration ?

R. La moyenne varie entre 0,25 et 0,5 %, mais pour une vraie superstar, j'irais jusqu'à 1 ou 2 % du capital de la société. S'il faut plus que cela pour faire venir le candidat, laissez tomber. La personne est plus intéressée par le fait de faire de l'argent que par celui de créer du sens.

Q. Que faites-vous lorsque vous devez renvoyer le partenaire qui a conçu le projet de l'entreprise, vous a fait venir pour la gérer, vous fait confiance et est maintenant clairement dépassé par les événements ?

R. Vous le prenez à part et vous avez une conversation privée pour expliquer la situation. Vous envisagez avec lui la possibilité d'avoir un rôle moindre, mais vous êtes clair sur la nécessité de ce parti. Un rôle moindre peut être un poste différent ou une position d'administrateur ou de conseiller. Essayez de respecter son amour-propre. Dans la plupart des cas, ce sera l'explosion. Vous devez vous y attendre. Il est possible qu'il faille des années pour réparer vos relations avec cette personne, mais c'est comme cela.

LECTURES RECOMMANDEES

MEYERS (David G), *Intuition : Its Powers and Perils.* New Haven, CT : Yale University Press, 2002.

LEWIS (Michael), *Moneyball : The Art of Winning an Unfair Game.* Waterville, ME : Thorndike Press, 2003.

Chapitre VII
L’art de lever des fonds

> Lors d'une présentation que j'ai faite récemment, les questions de l'auditoire tournaient toutes autour du thème suivant :
> « Comment puis-je entrer en contact avec des capital-risqueurs ? »
> « Quel pourcentage du capital dois-je leur donner ? »
> Personne ne m'a demandé comment construire un *business* !
>
> Arthur Rock

L'ESSENTIEL

Ce chapitre explique comment lever des fonds auprès des investisseurs extérieurs. Ces investisseurs peuvent être des capital-risqueurs, des dirigeants, des fondations, des entités gouvernementales ou un des trois « P » : des proches, des piqués ou des parents.

Mon expérience est l'industrie du capital-risque dans la Silicon Valley et il est possible que vous ne cherchiez jamais à obtenir un investissement de ces gens-là. Cela dit, si vous êtes capable de lever des fonds chez un capital-risqueur de la Silicon Valley, vous êtes capable de le faire auprès de n'importe qui. Pour reprendre la chanson de Frank Sinatra : « Si vous réussissez ici, vous réussirez partout ».

Un *pitch* de qualité, sujet que nous avons abordé plus haut, est un aspect nécessaire, mais non suffisant pour lever des fonds. Ce qui importe le plus, ce sont les réalités de votre entreprise : êtes-vous en train de construire quelque chose qui fait du sens, qui va durer et qui a une valeur pour la société ?

CONSTRUIRE UN *BUSINESS*

S'il y a quelqu'un qui croit au fait de lever de l'argent, c'est Arthur Rock. C'était le fondateur d'Intel, le président de son conseil d'administration et il a financé des sociétés comme Fairchild Semiconductor, Teledyne et Apple. Il y a beaucoup, beaucoup de capital-risqueurs qui sont simplement chanceux. Pour paraphraser Eugene Kleiner, un capital-risqueur légendaire de Kleiner Perkins Caufield & Byers, dans une tornade, même les investissements faits par un dodo peuvent s'envoler.

Arthur Rock est plus que chanceux, et voici ce que vous dit l'homme : si vous voulez avoir des fonds, montrez que vous allez construire une affaire. Créez du sens. Faites une différence. Ne le faites pas pour l'argent. Faites-le parce que vous voulez améliorer le monde. C'est vrai pour la plus avancée des *start-up* technologiques comme pour les entreprises très peu techniques ou les organisations caritatives.

Si vous réussissez à construire un *business*, ou bien les investisseurs vont se battre pour vous donner de l'argent, ou bien vous n'aurez pas besoin de leur argent. Dans les deux cas, c'est un bon dilemne. Mais si vous faites quelque chose de pas naturel pour lever de l'argent, vous ne construirez probablement pas d'entreprise et vous n'aurez pas d'argent de toute façon.

Voici une bonne question, tout à fait logique : « Comment puis-je créer une société sans capital ? C'est un sujet abordé plus haut au chapitre « L'art de démarrer sans argent », mais le fin mot de l'histoire est de trouver une façon de faire. Comme le dit le capital-risqueur Hunt Green, « Tout est toujours impossible avant que ça marche. Les entrepreneurs, c'est ça – des gens qui font des choses qui, leur a-t-on dit, étaient impossibles à faire ».

FAITES-VOUS INTRODUIRE

« Merci de m'avoir envoyé votre livre.
Je ne vais pas perdre de temps à le lire ».

Moses HADAS

Dans l'édition, le cinéma, la musique et le capital-risque, le conte de fées est celui-ci : vous soumettez un projet, un scénario, une chanson ou un *business plan* à une entreprise. Malgré une pile d'autres propositions, la qualité de votre présentation est telle que quelqu'un vous fait venir toutes affaires cessantes. Au terme d'une seule réunion, l'affaire est faite.

Vous pouvez rêver !

Je vous le jure, l'histoire qui suit est une histoire vraie. Il s'agit d'une *start-up* qui avait abandonné l'idée d'obtenir de l'argent venant d'un capital-risqueur de premier ordre parce qu'elle lui sentait peu d'intérêt pour ce qu'elle faisait. Je demande à un partenaire de la firme pourquoi il n'avait pas fait l'affaire et il me dit qu'un associé connaissait une société similaire en Europe. De plus, ladite société avait, paraît-il, « 100 % du marché européen et comptait s'installer aux Etats-Unis ». En conséquence, c'était déjà probablement trop tard pour un nouvel arrivant.

Je demande à l'associé le nom de la société. Il ne savait pas – c'est un ami qui lui en avait parlé. Je contacte cet ami et il ne savait pas non plus quel était le nom de la société. Apparemment un ami lui avait aussi parlé de la société, lui disant qu'elle avait 98 % d'un marché vertical minuscule en Europe de l'Est (et non en Europe tout court !).

Revoyons tout cela : un ami dit à un ami qui dit à un associé qui dit à un partenaire de ne pas se casser la tête à regarder la société. Cette histoire montre que vous avez besoin d'une introduction émanant d'un tiers crédible pour trouver un décisionnaire qui regarde sérieusement votre entreprise.

Cela ne veut pas dire que le processus de proposition devrait être le même pour tout le monde. Il s'agit d'orienter les choses en votre faveur en obtenant une introduction émanant de sources que des investisseurs respectent :

- Vos investisseurs actuels. L'un des services les plus valables que peut vous rendre l'un de vos investisseurs est de vous aider à trouver des investisseurs supplémentaires. C'est le jeu, donc n'hésitez pas à demander de l'aide. La plupart des investisseurs vont, au minimum, écouter les recommandations d'autres investisseurs.

- Avocats et experts-comptables. Quand vous sélectionnez un avocat, un expert-comptable, une société de relations publiques, regardez leur compétence et leurs relations. Demandez-leur s'ils vont vous introduire à des sources de capital. Bien des firmes sont capables de faire le travail, donc trouvez celles qui peuvent faire les deux, le travail et les introductions.

- Autres entrepreneurs. Un appel ou un e-mail d'un entrepreneur à ses investisseurs disant, « C'est une société formidable. Vous devriez leur parler », est convaincant. Allez sur le site Web de l'investisseur pour voir dans quelles sociétés il a investi – et peut-être connaîtrez-vous un collaborateur de l'une de ces sociétés. Sinon, entrez en relation avec un salarié de l'une d'entre elles – les dirigeants sont probablement plus faciles à joindre que l'investisseur lui-même. Pour ceux qui lancent des organisations caritatives, regardez celles qui sont financées par les fondations que vous ciblez.

- Professeurs. Les investisseurs sont impressionnés par les suggestions des professeurs. Dans la Silicon Valley, par exemple, l'appel ou l'e-mail d'un professeur en ingénierie à Stanford retiendra l'attention de n'importe quel capital-risqueur. J'espère que vous étiez bon en classe !

Et si vous ne connaissez pas ce type de gens ? Le monde est cruel. Lever du capital n'est pas une opportunité ouverte à tout le monde. Donc sortez de votre trou et faites-vous un réseau. J'essaie de vous aider à la fin de ce chapitre par une brève leçon sur le *schmoozing*[49].

MONTREZ DE LA « TRACTION »

Généralement, les investisseurs cherchent une équipe qui a fait ses preuves, une technologie fiable et des ventes réelles. Les investisseurs classent ces facteurs différemment, mais les ventes sont ce qui l'emporte. (Dans la Silicon Valley, c'est ce que nous appelons la « traction » – au sens où un pneu accroche bien la route et fait avancer le véhicule.)

La « traction » est ce qui compte le plus parce que vous prouvez que les gens veulent bien ouvrir leur porte-monnaie, prendre de l'argent et le mettre dans votre poche. C'est ce qui compte. Si vous êtes capable de faire cela, le fait que votre équipe et votre technologie aient fait leurs preuves importe moins. Je ne connais pas d'investisseur qui préfère perdre de l'argent sur quelque chose de prouvé plutôt que de faire de l'argent sur quelque chose qui ne l'est pas.

49. Du mot yiddish *shmuesn*, « faire du *schmoozing* » ou « *schmoozer* » veut dire converser de façon informelle, sociale. (NDT)

Le sens du mot « traction » diffère selon les industries. Sa définition va de soi pour les sociétés de produits ou de services : ce sont les revenus. Dans d'autres cas, les revenus peuvent ne pas être le paramètre adéquat :

Ecoles	Inscriptions et résultats des étudiants.
Eglises	Assistance aux services religieux.
Musées	Nombre de visiteurs.
Organisations de bénévoles	Contributions et nombre d'heures des volontaires.

Ceci entraîne deux questions logiques :

• Comment puis-je montrer de la « traction » si je n'ai pas d'argent pour démarrer ?

• Que se passe-t-il si mon produit ou mon service n'est pas encore terminé ?

La réponse à la première question est catégorique : « Qui a dit que ce serait facile ? » Donc revoyez le Chapitre 5 : *L'art de bootstrapper*, passez un marché de conseil avec un client potentiel et faites ce que vous avez à faire.

La réponse à la deuxième question est plus complexe. Il y a une hiérarchie dans la « traction » – n'en déplaise à la hiérarchie des besoins de Maslow[50]. En voici la structure :

1. Ventes (ou les paramètres évoqués ci-dessus pour les sociétés sans produit ou service).

2. Tests sur le terrain, pilotes sur site et clients en bêta.

50. Maslow (Abraham) (1908 - 1972) est un psychologue américain surtout connu pour son explication de la motivation par la pyramide des besoins qui lui est attribuée. http://fr.wikipedia.org/wiki/Maslow. (NDT)

3. Accord du client pour un test sur le terrain, un projet pilote ou une utilisation du produit ou du service avant sa vente officielle.
4. Contact pour la poursuite d'un test sur le terrain.

Plus vous êtes haut dans la hiérarchie, mieux c'est, mais si vous n'avez pas au moins un contact pour un test sur le terrain, vous aurez du mal à lever de l'argent.

SORTEZ LES CADAVRES DU PLACARD

Sauf dans les temps d'exubérance irrationnelle, la plupart des investisseurs cherchent des raisons de ne pas passer un accord. Statistiquement, ils ont raison car le plus grand nombre d'opérations ne vont pas marcher. Voyez le flux d'opérations pour un investisseur comme un entonnoir. Deux mille *business plans* entrent dans l'entonnoir. Il y en a deux cents qui sont à peu près crédibles. Cent sont suffisamment intéressants pour qu'on les lise. Quarante font l'objet d'un audit. Dix sont financés. Un seul fait le gros de l'argent.

Les investisseurs veulent éliminer ce qui doit être rejeté aussitôt que possible pour ne pas perdre de temps et certains défauts évidents rendent facile le rejet d'un plan, donc donnez une image impeccable. Voici les domaines où les défauts abondent :

Propriété intellectuelle : les poursuites judiciaires ou les risques de poursuites par d'anciens employeurs qui prétendent que votre technologie leur appartient ; la technologie fondamentale appartenant à un fondateur, non à la société ; l'empiètement sur les brevets de quelqu'un.

Structure du capital : détention de la plus grosse partie de l'entreprise par quelques fondateurs non désireux de partager ; contrôle par un investisseur principal inflexible qui ne veut pas de dilution ; tours de table significativement surévalués ou antérieurs sous-évalués.

Equipe de direction : des cofondateurs mariés ou de la même famille ; des amis non qualifiés ou des camarades de chambrée ; manque d'expérience dans l'industrie concernée ; des condamnations pour actions illicites.

Offres de parts : octroi de parts (et non d'options) à des consultants et à des fournisseurs en échange de paiements ; vente de parts à de la famille ou à des amis à une valorisation élevée ; recherche d'investisseurs qui ne sont pas en règle avec la législation.

Conformité avec les règlements : non-conformité avec les lois et réglementations ; non-paiement des charges sociales.

DEVOILEZ TOUT

S'il y a des problèmes qui n'ont pas été réglés ou ne peuvent pas l'être immédiatement, indiquez-le aux investisseurs. Et faites-le de bonne heure dans le processus. Plus vous attendrez, plus ce sera difficile et plus vous risquerez votre crédibilité.

Par exemple, Garage a investi un jour dans une société qui révéla qu'un investisseur potentiel avait un accord de consultant. Cet arrangement fut dévoilé peu avant la clôture du financement. Cet investisseur allait à la fois acheter des parts, recevoir des parts et être rémunéré pour ses services de consultant. Aucun autre investisseur n'avait d'arrangement comparable.

Quand les autres investisseurs ont découvert la chose, l'accord a presque échoué. Si la société avait révélé cet arrangement aux autres investisseurs et expliqué pourquoi il était sensé (ce qui était effectivement le cas), les choses se seraient passées plus en douceur. Malheureusement, un investisseur qui avait beaucoup de valeur s'est retiré à cause de ce problème de dernière minute.

Que se passe-t-il si vous avez démarré ou travaillé pour une entreprise qui a échoué ? Il est vain d'essayer de le cacher car les investisseurs le découvriront. Il est aussi maladroit d'en rejeter la responsabilité sur quelqu'un ou quelque chose : le marché, d'autres employés, des clients ou, plus particulièrement, les investisseurs (peu importe la vérité.)

Je vous recommande de faire votre *mea culpa*, c'est-à-dire d'accepter les blâmes pour un échec autant que faire se peut et de « confesser » vos pêchés. Les investisseurs avisés trouvent cela admirable et plus d'un s'est enrichi en pariant sur des entrepreneurs dont les initiatives antérieures avaient échoué. L'important n'est pas d'avoir échoué. Ce qui importe, c'est ce que vous avez appris de ces échecs et que vous essayiez de nouveau avec enthousiasme.

Moralité : réglez les problèmes ou révélez leur existence, mais ne les cachez jamais.

IDENTIFIEZ OU CREEZ UN ENNEMI

Pour de nombreux entrepreneurs les investisseurs veulent entendre que l'entreprise n'a pas de concurrent. Malheureusement, les investisseurs avertis en tirent l'une de ces deux conclusions :

• Il n'y a pas de concurrents parce qu'il n'y a pas de marché. S'il y avait un marché, d'autres essaieraient de le gagner.

• Les fondateurs sont si perdus qu'ils ne sont même pas capables d'utiliser Google pour trouver que dix sociétés font la même chose.

Démarrer une organisation pour servir un marché qui n'existe pas ou montrer qu'on est un « paumé » n'est pas propice à une levée de fonds. La concurrence est une bonne chose parce que cela valide le marché. De plus, votre perception de la concurrence montre que vous avez fait votre travail.

C'est votre tâche de prouver en quoi vous êtes supérieur à vos concurrents, non de dire qu'ils n'existent pas. Un tableau qui explique ce que vous et vos concurrents savez faire et ne pas faire est utile pour répondre à cette question.

Société	**Nous savons faire. Pas eux.**	**Nous ne savons pas faire Eux savent.**
X		
Y		
Z		

Vous devez lister ce que vous ne pouvez pas faire, mais aussi ce que peut faire la concurrence. Vous construirez ainsi votre crédibilité :

• Vous êtes capable d'évaluer vos concurrents de façon réaliste.

• Vous êtes capable de communiquer votre savoir clairement et succinctement.

• Vous êtes disposé à présenter des faits qui ne vous donnent pas toujours le beau rôle.

Vous pouvez aussi utiliser ce tableau pour promouvoir l'intérêt de votre produit ou de votre service sur le marché en mettant en regard leurs fonctionnalités et les besoins de vos clients. A savoir, la liste « Ce que vous savons faire » doit immédiatement mettre en évidence l'utilité de votre produit ou de votre service.

Donc soyez audacieux : discutez ouvertement vos points forts et vos faiblesses. Vos points forts ne seront que plus plausibles.

Malheureusement personne ne fait jamais les choses de cette façon. Au contraire. Les gens fabriquent des matrices qui les valorisent mais prennent fréquemment des paramètres sans intérêt ou même carrément idiots. Quelque chose dans ce style-là :

	Nous	X	Y	Z
P.-D.G. droitier	✓			✓
Conduit des voitures hybrides	✓	✓		
Employés végétariens	✓			
Utilise du code « open source »	✓		✓	

Si vraiment vous n'avez pas de concurrence, cherchez jusqu'à ce que vous trouviez. La concurrence peut être le *statu quo*, Microsoft (puisque, à un moment ou à un autre, Microsoft fera concurrence à tout le monde sur tout) ou des chercheurs universitaires. Choisissez quelque chose, car dire que vous n'avez pas de concurrence du tout est éliminatoire.

RACONTEZ DES MENSONGES NEUFS

Dans sa journée-type, un investisseur rencontre deux ou trois sociétés et voit quatre ou cinq *business plans*. Chacune d'entre elles prétend représenter une opportunité unique et révolutionnaire avec une équipe qui a fait ses preuves, une technologie confirmée et un marché établi. Il n'y a pas d'entreprise qui se positionne comme une bande de ratés ne sachant pas ce qu'elle fait.

De plus , alors que vous vous voyez au centre du monde, vous êtes seulement le rendez-vous de 10 heures du matin et il y en a déjà eu un à 9 heures, et deux autres suivront à 13 heures et 15 heures.

S'ils ont l'illusion d'être le centre du monde, c'est que les entrepreneurs croient raconter aux investisseurs quelque chose de nouveau. Pour le bien des investisseurs fatigués d'entendre les mêmes vieux mensonges, et celui des entrepreneurs, qui nuisent à leur cause en les racontant, voici la liste des dix mensonges les plus fréquents. Etudiez-les avec soin et au moins, préparez-vous à raconter des mensonges nouveaux.

Mensonge N°1 : « Nos projections sont prudentes ».

Non seulement vos projections sont prudentes, mais vous allez faire cent millions de dollars à la fin de la troisième année. En fait, la société aura la croissance la plus rapide de l'histoire de l'humanité. Vos projections ne sont pas conservatrices. Franchement, vous n'avez aucune idée de ce que seront vos ventes.

Je rêve du jour où un entrepreneur me dira : « Franchement, nos projections, nous les avons faites en prenant des chiffres au petit bonheur. Nous les choisissons assez élevés pour que vous soyez intéressés, mais assez bas pour ne pas avoir l'air idiots. Nous n'aurons pas vraiment une idée juste avant de vendre le produit et de voir comment il sera accepté ». Au moins cet entrepreneur serait-il honnête.

Mensonge N°2 : « Gartner (Forrester, Jupiter, or Yankee Group[51]) dit que notre marché sera de 50 milliards de dollars dans cinq ans ».

Au chapitre 3 (« L'art de faire un présentation »), j'ai dit ce que pensent vos interlocuteurs quand les entrepreneurs essaient de « prouver » la taille du marché, et j'ai préconisé qu'au lieu de cela vous décortiquiez les faits ou suscitiez l'imagination. Je répète mon conseil : ne citez pas ces chiffres en espérant impressionner les investisseurs. Personne ne se présente en disant : « Nous sommes sur un petit marché minable ». Tout le monde fait ce que vous faites.

51. Le Gartner Group, Forrester Research, Jupiter et le Yankee Group sont des sociétés célèbres pour leurs analyses de marché.

Mensonge N°3 : « Boeing signe notre contrat la semaine prochaine ».

Comme je l'ai dit, la traction est une bonne chose. Cela vous rend finançable. Mais tant qu'un contrat n'est pas signé, il n'y a pas de contrat. Si l'investisseur vérifie dans une semaine et que le contrat n'est pas signé, vous êtes dans de beaux draps. En cinq ans, je n'ai jamais vu un contrat signé en temps et en heure. Parlez de Boeing et de vos gros marchés *après*. D'une manière générale, assurez-vous que toutes les surprises aux investisseurs sont de bonnes surprises.

Mensonge N°4 : « Des employés clés vont nous rejoindre quand nous serons financés ».

Soyons clair : vous êtes deux types dans un garage, vous essayez de collecter quelques centaines de milliers de dollars ; votre produit ne sera fini que dans douze mois et vous me dites que des gens connus vont démissionner de leurs postes à 250.000 dollars par an avec des bonus et des actions pour rejoindre votre société ?

Quand nous avons vérifié auprès desdits employés clés s'ils avaient l'intention de rejoindre la société, la réponse a été, le plus souvent : « Je me souviens vaguement avoir rencontré le P.-D.G. à un cocktail ». Si vous voulez raconter ce genre d'histoire, assurez-vous d'avoir verrouillé ces employés potentiels : ils doivent être prêts à quitter leur job.

Mensonge N°5 : « Plusieurs investisseurs sont déjà à la phase d'audit ».

Vous voulez dire : « Si vous ne vous pressez pas, quelqu'un d'autre va investir chez nous et vous raterez cette occasion ». Cela marche bien pendant les périodes d'exubérance irrationnelle, mais c'est généralement risible. En réalité, celui qui vous écoute pense : « Vous avez fait votre *pitch* à quelques autres investisseurs et ils ne les ont pas encore rejetés ».

En fait, les investisseurs se connaissent mieux entre eux que vous, vous ne les connaissez. Ils peuvent facilement appeler leurs copains et savoir quel est le niveau d'intérêt d'une autre firme pour votre affaire. Pour que votre mensonge marche, il faut que vous soyez ou un excellent bluffeur ou que vous ayez un truc d'enfer, sinon vous n'avez aucune chance contre le réseau des investisseurs.

Mensonge N°6 : « Procter & Gamble est trop vieux, trop grand, trop stupide, et trop lent pour être une menace ».

Procter & Gamble, Microsoft, Oracle, Ford… Choisissez une société qui a réussi. En faisant ce genre de déclarations, de nombreux entrepreneurs pensent convaincre l'investisseur de leur détermination, pouvoir battre un concurrent inébranlable enfin, établir un avantage concurrentiel.

En réalité, les conditions de la réussite de leur projet leur échappent. Il y a une raison pour laquelle des gens comme Larry Ellison peuvent profiter de l'aéroport de San José tard le soir pour leurs jets privés, cependant que vous et moi grignotons des cacahouètes sur Southwest Airlines. Et ce n'est pas parce qu'ils sont vieux, grands, stupides et lents.

Il est déjà assez effrayant pour des investisseurs que vous soyez en concurrence avec une société établie. Ne vous enfoncez pas davantage en dénigrant, sans malice, ce genre de concurrence. A la place, renforcez votre position en :

- Faisant un partenariat avec la concurrence.
- Restant sous le radar.
- Visant un créneau qu'elle ne peut pas ou ne veut pas choisir.

Mensonge N°7 : « Les brevets protègent notre activité ».

Des brevets ne protègent pas une activité. Ils peuvent fournir un avantage concurrentiel – notamment aux sociétés spécialisées dans les sciences de la matière, les appareils médicaux ou la biotechnologie – mais c'est à peu près tout.

Garage, par exemple, a un brevet sur l'utilisation d'Internet par les investisseurs et les entrepreneurs pour provoquer des investissements. Est-ce que cela me fait mieux dormir la nuit ? Est-ce que cela a empêché des banques d'investissements, des investisseurs licenciés et des consultants d'utiliser Internet pour connecter des vendeurs et des acheteurs de placements privés ? Allons-nous essayer de faire respecter ce brevet ? Les réponses sont : Non, Non, et Non.

Je vous en prie, déposez des brevets si vous le pouvez, mais ne comptez pas faire autre chose qu'impressionner vos parents, sauf si vous avez le temps (des années) et de l'argent (des millions) pour attaquer en justice. Si Apple, Sun, et le ministère de la Justice ne peuvent pas battre Microsoft en justice, vous non plus.

Quand vous parlez à des investisseurs, le nombre de fois où vous pouvez mentionner que votre technologie est brevetable est une fois au plus. Ne pas pouvoir le dire est mauvais parce que cela signifie que vous n'avez rien à vous. Mais le faire plus d'une fois veut dire que vous n'êtes pas malin et que vous pensez que des brevets protègent votre affaire.

Mensonge N°8 : « Tout ce que nous avons à faire, c'est d'avoir 1 % du marché ».

C'est ce que les capital-risqueurs appellent le mensonge du soda chinois. A savoir : « Si seulement 1 % de gens en Chine buvait notre soda, nous aurions plus de succès que n'importe quelle société dans l'histoire de l'humanité ».

Il y a quatre problèmes dans ce type de raisonnement :

• Il n'est pas facile de faire en sorte que 1 % de Chinois boive votre soda.
• Très peu d'entrepreneurs vont vraiment s'attaquer à un marché aussi vaste que celui de la Chine.
• La société qui s'est présentée avant vous a dit quelque chose de similaire à propos d'un autre marché. Il en ira de même de celle qui suivra.
• Une société qui vise seulement 1 % de part de marché n'est pas intéressante[52].

Ce qu'il faut faire, comme je l'ai dit plus haut, c'est ou bien trouver un marché crédible ou frapper l'imagination de l'investisseur de telle sorte qu'il fasse le calcul de lui-même. Mais ne viser que 1 % d'un grand marché vous colle une étiquette de nul sur le dos.

Mensonge N°9 : « Nous avons l'avantage d'être les premiers sur ce marché ».

Il y a au moins deux problèmes dans ce mensonge. Premièrement, il est possible que vous n'ayez pas cet avantage. Comment diable pouvez-vous savoir que personne d'autre n'est en train de faire ce que vous faites ? Raisonnablement parlant, si vous réalisez quelque chose de bien, cinq autres entreprises sont en train de faire la même chose. Si vous entreprenez quelque chose de génial, il y en a dix.

Deuxièmement, la prime au premier entrant n'est pas nécessairement ce qu'on prétend. Etre un « second rapide » pourrait s'avérer mieux laissez à quelqu'un d'autre le soin d'être le pionnier pour le concept, tirez des leçons de ses erreurs et devancez-le.

52. Tout capital-risqueur souhaite secrètement financer une société pour qui la plus grande menace serait une pousuite antitrust émanant du ministère américain de la Justice ou de l'Union européenne.

Mensonge N°10 : « Nous avons une équipe d'envergure internationale qui a fait ses preuves ».

Dans ce contexte, *l'envergure internationale* et *qui a fait ses preuves* signifient que les fondateurs ont rapporté énormément d'argent à des investisseurs dans une société antérieure ou ont des postes dans des sociétés très respectées et cotées en Bourse. Surfer sur la vague d'une société qui a réussi en ayant eu un rôle subalterne, avoir travaillé pour McKinsey comme consultant, ou passé deux ans chez Morgan Stanley, ne comptent pas comme antécédents où l'on a fait ses preuves.

Exercice

Donnez la liste des mensonges à un ami et demandez-lui d'écouter votre *pitch*. Parmi ces mensonges, combien en avez-vous dits ? Vous échouez s'il y en a plus de deux.

NE TOMBEZ PAS DANS LES QUESTIONS PIEGES

Vous devez raconter de nouveaux mensonges, et vous devez aussi répondre correctement aux questions pièges. Les investisseurs posent ces questions pour voir si vous êtes assez inexpérimenté ou idiot pour donner les mauvaises réponses. Utilisez les directives du tableau qui suit :

QUESTION PIEGE DE L'INVESTISSEUR	**CE QUE VOUS VOUS APPRETEZ A DIRE**	**CE QUE VOUS DEVRIEZ DIRE**
« Qu'est-ce qui vous fait penser que vous êtes qualifié pour diriger cette organisation ? »	« Qu'est-ce qui vous fait penser que vous êtes qualifié pour diriger cette société de capital-risque ? »	« Je me suis bien débrouillé jusqu'à présent et cela nous a conduit au point où nous sommes. Mais si cela devient nécessaire un jour, je suis prêt à me retirer.»
« Vous voyez-vous comme le P-D.G à long terme de cette organisation ? »	« Qu'ont vu en vous les collègues de votre fonds ? »	« Je me suis attaché à mettre notre affaire sur le marché. Je ferai tout ce qui est nécessaire pour que ça réussisse, y compris me retirer. Voici les étapes logiques auxquelles nous pouvons faire cette transition… »
« Une majorité de contrôle sur l'organisation, est-ce un sujet important pour vous ? »	« Je vais bosser quatre-vingts heures par semaine pour faire en sorte que ce soit un succès et vous me demandez si mon pourcentage a de l'importance pour moi ? »	« Non, ce n'est pas le sujet le plus important. Je me rends compte que pour réussir, nous avons besoin d'employés excellents et d'excellents investisseurs. Eux aussi ont besoin d'une part significative. Je vais veiller à agrandir le gâteau, non à avoir ou garder une grosse part du gâteau. »
« Comment voyez-vous la liquidité de l'organisation ? »	« Une entrée en Bourse qui bat tous les records d'évaluation ».	« Nous savons que nous avons beaucoup de travail avant de parler de liquidité. Vous sommes en train de concevoir une société qui sera une entité importante, prospère et indépendante. Pour le moment, nous avons la tête dans le guidon et nous travaillons autant que nous pouvons pour y arriver. Une entrée en Bourse serait le résultat de rêve, de plus il y a cinq sociétés qui pourraient être des acquéreurs dans l'avenir. »

Vous avez bien compris ? Racontez des mensonges neufs et des vieilles vérités, pas l'inverse !

RASSEMBLEZ LA BANDE DE CHATS

Il y a cinquante manières de rompre une relation amoureuse, mais les investisseurs en ont encore plus quand ils vous disent « non ». Malheureusement, les entrepreneurs n'acceptent pas ce genre de réponse (cela fait partie des caractéristiques d'un entrepreneur). Dans le même temps, les investisseurs n'aiment pas faire des rejets clairs et sans équivoque ; ils préfèrent la technique de l'EVIER : Exprimer un Vif Intérêt Et Retarder. Voici les réponses communément reçues par les entrepreneurs :

• « Vous êtes à un stade trop prématuré pour nous. Montrez-nous de la traction et nous investirons ».
• « Vous êtes à un stade trop avancé pour nous. Dommage que vous ne soyez pas venu plus tôt ».
• « Si vous trouvez un investisseur principal, nous ferons partie du syndicat ».
• « Nous n'avons pas d'expertise dans votre secteur ».
• « Nous avons un conflit d'intérêt avec une de nos sociétés existantes ». (Croyez-moi, s'ils pensaient qu'ils peuvent faire de l'argent avec votre société, ils résoudraient ce conflit.)
• « J'ai aimé votre affaire, mais pas mes partenaires ».
• « Vous devez nous prouver l'extensibilité de votre technologie ».
• La plupart du temps l'investisseur est en train de vous dire, « Quand les poules auront des dents ». Cependant, il y a quelques cas où les investisseurs sont authentiquement intéressés, mais pas encore prêts à s'engager. Il est possible d'obtenir leur investissement, mais ce sera aussi difficile que de rassembler une bande de chats.

La clé pour rassembler la bande de chats est d'avoir un investisseur dans son sac plutôt que d'en avoir plusieurs près de la ligne d'arrivée – pour mélanger les métaphores. Ça aide qu'il s'agisse d'un gros chat, beau et connu, mais n'importe quel chat, à partir du moment où ce n'est pas quelqu'un de votre famille, fera l'affaire. Les investisseurs – comme la misère – aiment la compagnie.

Gagner le coeur d'un investisseur ne consiste pas seulement à fournir de l'information objective, quantifiable, et intéressante dans votre *pitch*, votre *business plan*, ou par l'intermédiaire de vos références. C'est autant un processus de rencontre qu'un processus analytique. Il se « pourrait » que l'investisseur qui a dit « Non » continue à regarder ce que vous faites :

- Avez-vous essayé d'établir un contact après le *pitch* ?
- Avez-vous répondu aux questions qui se sont présentées après le *pitch* ?
- Avez-vous fourni des informations supplémentaires consolidant votre cause ?
- Avez-vous surpris l'investisseur en gagnant de gros clients ou en atteignant vos objectifs en avance ?
- D'autres investisseurs de qualité vous ont-ils fait un chèque ?

Montrer de l'obstination de cette façon peut être payant et vous pouvez faire ce genre de mise à jour des semaines ou des mois après votre *pitch* initial pour rassembler la bande de chats. Cependant, poursuivre le contact sans montrer une amélioration significative à votre histoire changera votre statut : d'obstiné, vous deviendrez une peste. Et personne ne finance une peste.

COMPRENEZ DANS QUOI VOUS VOUS ENGAGEZ

Lever des fonds, notamment auprès de capital-risqueurs, c'est difficile et ça prend beaucoup de temps – et cela, si tout va bien. Les années folles reviendront peut-être, mais il est possible que ce ne soit pas le cas, et seul un imbécile s'aventurerait à faire des hypothèses sur les perspectives du marché.

Pour vous illustrer le genre de personnes que sont les investisseurs et les capital-risqueurs professionnels, permettez-moi de vous raconter une histoire. Ce n'est pas une anecdote folklorique comme celle de ce type qui attacha un moteur de fusée à sa voiture pour aller finalement labourer le flan d'une montagne. J'ai entendu cette histoire de la bouche même d'un capital-risqueur.

Une jeune femme avait invité son père à dîner dans un restaurant luxueux avec service de parking. Sur le chemin, son père la sermonna pour avoir acheté une BMW tape-à-l'oeil. Elle se rangea devant le restaurant, sortit de la voiture, et ils entrèrent tous les deux.

Plusieurs heures plus tard, elle et son père sortirent du restaurant et elle vit que sa voiture était là où elle l'avait parquée. Sautant sur l'occasion, elle dit à son père, « Tu vois ? C'est pour cela que j'ai une BMW : ils laissent les jolies voitures devant. Nous n'avons pas à attendre que le voiturier nous la ramène ».

A ce moment-là, un homme irrité vint à elle et lui dit, « Madame, vous aviez gardé les clefs. Nous ne pouvions pas bouger votre voiture ».

Quelle est la leçon de cette tranche de vie d'un capital-risqueur ?
• Les capital-risqueurs croient que, pour eux, les règles sont différentes.
• Ils croient avoir droit à un traitement particulier.
• Vous devez laisser votre véhicule en marche pour le service de parking.
• Les capital-risqueurs ne sont pas nécessairement différents de vous et moi – ils ont seulement à gérer des centaines de millions de dollars.
La réponse correcte à la question est : Tout ce qui précède.

Permettez-moi de démythifier l'aura des capital-risqueurs :

• Ils n'en savent pas plus que vous sur votre domaine. Pourtant comment ne pas penser qu'ils en savent davantage quand ils gèrent des centaines de millions de dollars ?

• Gagner un investisseur de premier ordre ne garantit pas que vous réussirez. Ces firmes font beaucoup de paris, avec le postulat que la plupart ne vont rien donner.

• A partir du moment où vous prenez un dollar à l'extérieur, vous perdez le « contrôle ». Avoir le contrôle n'a rien à voir avec le nombre de parts dotées d'un droit de vote d'un point de vue arithmétique : quand vous prenez de l'argent à l'extérieur, vous avez une obligation vis-à-vis de tous les actionnaires, même minoritaires.

Relativisez vos attentes sur ce qu'ils peuvent faire pour vous, et vous serez moins déçu. Les investisseurs extérieurs peuvent vous ouvrir des portes, déclencher les premières ventes et aider à des partenariats. Ils peuvent vous aider à trouver des investisseurs supplémentaires ultérieurement. Ils peuvent vous éviter de faire des erreurs s'ils ont vu d'autres sociétés en faire de semblables. Ils peuvent faire que le monde vous considère un peu plus sérieusement parce qu'« ils ont investi en vous. » C'est à peu près tout.

TROUVEZ VOTRE BILLET DE TRAIN

Je ne peux pas vérifier si c'est une histoire vraie ou un mythe, mais un bon entrepreneur ou un écrivain ne laisse jamais la vérité priver quiconque d'une bonne leçon.

Albert Einstein était dans le train. Il fouilla ses poches et ses sacs, mais ne trouva pas son billet. Le conducteur vint vers lui et lui dit quelque chose comme : « Dr. Einstein, tout le monde sait qui vous êtes. Nous savons que Princeton a les moyens de vous acheter un autre billet ».

A quoi Einstein répondit quelque chose de ce genre : « Ce n'est pas le prix qui m'inquiète. Il faut que je trouve ce billet pour savoir où je vais ».

Comme Einstein, ne vous préoccupez pas de l'argent, mais de là où vous allez. Si vous savez où vous allez, l'argent viendra.

Mini-chapitre
L'art de lever des fonds auprès de *business angels*

J'ai envoyé une flèche dans l'air et elle y est restée.

Graffiti à Los Angeles

Les investisseurs professionnels et les capital-risqueurs ne sont pas les seules sources d'argent pour les *start-up*. Il y a aussi des milliers d'individus fortunés qui investissent dans des organisations qui démarrent. Lever des fonds chez ces gens requiert une approche différente, car leurs objectifs sont différents de ceux des investisseurs professionnels. Cela ne veut pas dire que c'est plus facile – c'est seulement différent. Ce mini-chapitre explique la méthodologie.

• Ne les sous-estimez pas. Ils peuvent être moins intéressés par la rentabilité que des investisseurs professionnels, mais cela ne veut pas dire qu'ils soient idiots. Abordez-les avec le même professionnalisme que lorsque vous faites une présentation à un capital-risqueur de premier ordre comme Kleiner Perkins Caulfield & Byers ou Sequoia Capital.

• Comprenez leur motivation. Là où des investisseurs professionnels veulent faire de l'argent, et éventuellement rendre quelque chose à la société, bien des *angels* veulent d'abord rendre quelque chose à la société et, éventuellement, faire de l'argent. Il y a deux moyens de rendre quelque chose : en aidant des gens jeunes, ou plus jeunes, à démarrer, et en aidant un produit ou un service qui crée du sens à se lancer sur le marché.

• Permettez-leur de revivre à travers vous. Un des avantages annexes que recherchent bien des *angels* est la chance de revivre leur jeunesse ou un passé romantique. Même s'ils ne peuvent pas ou ne veulent pas créer une nouvelle entité, ils peuvent avoir plaisir à vous voir le faire.

• Rendez votre histoire compréhensible au conjoint. Le « comité d'investissement » d'un angel, c'est l'*angel* lui-même et son conjoint. Ce n'est pas un groupe d'ingénieurs, d'experts ou d'anciens entrepreneurs. Il est d'autant plus important de savoir expliquer son affaire simplement.

• Soyez gentil. Alors qu'un investisseur professionnel est capable d'investir dans une brute parce que « l'argent, c'est l'argent », un *angel* ne le fera pas. Les *angels* tombent amoureux des entrepreneurs d'une façon paternelle ou maternelle : « Elle est sympa. J'ai envie de lui donner une chance ». Donc soyez gentil, souple et abordable. Au fait, quand j'y pense, ce genre d'attitude ne nuit pas non plus avec des investisseurs.

• Enrôlez des gens qu'ils connaissent ou dont ils ont entendu parler. L'investissement des *angels* est souvent autant une occasion de rencontrer des gens socialement que de faire des profits. Ainsi, si vous pouvez attirer un membre du « club », vous pouvez généralement en faire venir d'autres.

Mini-chapitre
L'art de gérer un conseil d'administration

Etre dans l'armée, c'est comme être chez les scouts, à l'exception près que les scouts sont supervisés par des adultes.

Blake CLARK

Avec l'argent vient la responsabilité. Parmi les bénédictions et les corvées associées aux investissements extérieurs, vous devrez constituer un conseil d'administration. Ce mini-chapitre explique l'art de le gérer.

Le premier point concerne la composition de ce conseil. Vos investisseurs principaux exigeront un siège. Donc certains choix sont faits pour vous. Finalement, vous avez besoin de gens ayant deux sortes de compétences : des personnes qui savent construire une société et des personnes qui connaissent bien le marché. Voici les rôles à distribuer.

• « Le Client ». Cette personne comprend les besoins de vos clients. Il n'est pas nécessaire que ce soit un client mais il faut quelqu'un qui comprenne complètement ce que votre marché veut acheter.

• « L'Ingénieur ». Cette personne est la voix du bon sens dans vos choix de développement. Par exemple, votre technologie défie-t-elle les lois de la physique ? Il est possible que vous n'ayez pas une société de technologie, mais la question est la même : ce que vous voulez faire est-il faisable ?

• « Le Papa ». Le papa (ou la maman) a une influence calmante sur le conseil d'administration. Il (elle) apporte la richesse de l'expérience et la maturité dans l'arbitrage des situations épineuses, et résout les problèmes.

• « Le Coincé ». C'est le méchant qui vous débusque quand vous mentez. Cette personne fait aussi le forcing pour que les pratiques de la société soient totalement légales et éthiques.

• « Jerry Maguire ». C'est « Monsieur Connexions ». Son actif majeur est son carnet de contacts dans l'industrie et son zèle à le mettre à la disposition de votre société.

Le second point porte sur une bonne relation de travail avec vos administrateurs. Voici quelques conseils :

• Epargnez les arbres. Moins de papier est mieux que trop de papier. C'est une erreur d'inonder votre conseil d'administration de documents, car ce sont des gens occupés. Veillez à ce que vos rapports financiers ne fassent pas plus de cinq pages. Ils doivent comporter un compte d'exploitation, les projections de trésorerie, le bilan, ainsi que la liste des succès et des problèmes.

• Fournissez des chiffres utiles. Les rapports comptables et financiers ne suffisent pas. Des données non financières comme le nombre de clients, le nombre d'installations ou le nombre de visiteurs sur votre site sont tout aussi importantes. Cette information ajoute trois ou quatre pages à vos rapports.

• Envoyez ces rapports deux jours avant la réunion du conseil d'administration. Les conseils d'administration sont l'occasion et le lieu pour discuter des questions stratégiques – non pour transmettre les informations factuelles consignées dans vos rapports. Passez juste un peu de temps en début de réunion pour communiquer les faits – et beaucoup de temps à résoudre comment améliorer les choses à l'avenir. Ainsi, il est utile que vous envoyiez vos rapports par avance – cela dit, ne supposez pas que vos administrateurs les auront lus. Vous devez les passer en revue pendant la réunion.

• Ne surprenez jamais un conseil d'administration (sauf s'il s'agit de bonnes nouvelles). Le moment et l'endroit les pires pour annoncer de mauvaises nouvelles, c'est pendant une réunion du conseil d'administration – sauf si vous avez envie qu'une troupe d'hyènes vous déchiquette. Quand vous avez de mauvaises nouvelles, rencontrez préalablement chaque administrateur en tête à tête, et expliquez ce qui s'est passé.

• Obtenez du *feed-back* à l'avance. Le corollaire de ne jamais surprendre un conseil d'administration est de préparer les administrateurs préalablement à toutes les décisions clés. Si vous savez que vous allez discuter un sujet critique au cours de la réunion qui vient, parlez-en à chaque administrateur avant la réunion. Il peut vous donner un feed-back qui changera votre perspective sur la décision à prendre.

FAQ

Cette FAQ est la plus longue du livre. Sa longueur reflète à quel point lever des fonds est difficile pour la plupart des gens. J'ai répondu aux questions les plus communes dans le corps du chapitre, et je n'évoque ici que celles qui sont plus spécialisées.

Q. J'ai trouvé un capital-risqueur qui veut investir cinq millions de dollars dans ma société ! Quel type d'interaction aura-t-il avec la société ?

R. Tant que tout va bien, un capital-risqueur vous fiche la paix. Comprenez la vie d'un capital-risqueur : il peut se trouver au conseil d'administration de quelque dix sociétés avec des réunions trimestrielles et parfois mensuelles ; il doit lever des fonds pour investir, informer les quelques vingt-cinq investisseurs dans son fonds, et veiller à ce qu'ils soient contents ; il regarde plusieurs affaires par jour ; et il discute avec cinq autres partenaires.

Il n'a pas le temps de vous gérer au quotidien – et s'il avait pensé que c'est ce qu'il aurait à faire, il n'aurait probablement pas investi en vous de toute façon.

Une question plus importante est celle-ci : « Que puis-je attendre d'un bon capital-risqueur ? » Voici la réponse : cinq heures d'attention par mois au cours desquelles il vous ouvrira des portes pour trouver des clients et des partenaires potentiels, et pour interviewer des candidats à des postes de haut niveau dans votre société.

Q. Comment puis-je identifier les sociétés de capital-risque qui ont un nouveau fonds qui viendra à maturité dans une période suffisamment éloignée pour coïncider avec mon horizon de liquidité ?

R. Vous pensez trop. Le calendrier d'un fonds n'est quasiment jamais un facteur. De plus, c'est la firme qui vous choisit, non l'inverse et il n'est pas possible de prévoir son horizon de liquidité.

Q. Dans quel ordre faut-il approcher les capital-risqueurs : capital-risqueurs de première catégorie, puis de deuxième catégorie, puis de troisième catégorie ou l'inverse ?

R. Vous pensez trop de nouveau. Donnez un *pitch* à presque toutes les firmes auxquelles vous avez accès. Après avoir essayé de lever des capitaux pendant neuf mois, vous vous rendrez compte que l'argent n'a pas d'odeur. De plus, il n'est pas du tout évident de faire une distinction entre des firmes de première, de seconde ou de troisième catégorie.

Q. Quel est le taux de rentabilité interne (TRI) attendu par les capital-risqueurs de catégorie un, deux, ou trois ? Se tiennent-ils fermement à leurs objectifs ?

R. Tout d'abord, il est improbable qu'un capital-risqueur admette que sa firme n'est pas de premier ordre. Même si c'était le cas, il n'irait pas dire à ses partenaires et investisseurs : « Puisque nous ne sommes pas une firme de premier ordre, essayons d'avoir seulement 10 % ».

Tous les capital-risqueurs espèrent expressément une rentabilité élevée de votre investissement, et non une rentabilité moyenne. (Souvenez-vous, ils savent qu'il y a une probabilité élevée que votre société descende en flèche.) Mais votre question manque un autre point. Bien que les firmes de capital-risque soient classées les unes par rapport aux autres sur la base de cette rentabilité interne, les capital-risqueurs n'évaluent pas les affaires individuellement en calculant leur rentabilité potentielle. Mêmes les investisseurs n'ont pas l'arrogance de se croire à ce point visionnaires.

D'un point de vue pratique, les investisseurs considèrent le rendement *cash on cash* – c'est-à-dire, si je mets un million aujourd'hui, que puis-je raisonnablement espérer comme rendement dans quatre ou cinq ans ? (5 millions donnerait un rendement de 5). Les attentes en matière de rendement *cash on cash* varient selon les types d'investisseurs, le domaine d'investissement et ne sont pas liées au prestige de la firme. Pour un investissement dans une jeune *start-up*, vous avez intérêt à convaincre l'investisseur qu'il y a un plan réaliste pour un rendement de 5 à 10 en trois ou cinq ans.

Q. Dois-je admettre que nos ventes à ce jour sont moroses (ou même non existantes) ?

R. Oui, mais avec des gants : vos ventes ne sont pas moroses – vous êtes simplement « tôt dans le cycle de vente avec un produit très innovant. » C'est pourquoi aussi, plus vous *bootstrappez* et générez des revenus, mieux c'est.

Q. Dois-je reconnaître devant un capital-risqueur que tout ceci est nouveau pour moi ?

R. Ce ne sera pas nécessaire parce que ce sera évident. Ainsi, vous avez autant intérêt à dire la vérité. Cependant, pour améliorer la situation, entourez-vous d'administrateurs et de conseillers qui ont de l'expérience. Aussi, indiquez clairement « que vous ferez ce qui sera bon pour l'entreprise, y compris vous mettre à l'écart s'il le faut. »

Q. Dans quelle mesure les capital-risqueurs parlent-ils entre eux ? Une bévue de ma part devant l'un d'eux sera-t-il un sujet de conversation à la fontaine et empoisonnera-t-il le puits quand je serai en face des autres ?

R. Il est improbable que des capital-risqueurs parlent de vous, car il n'y a pas assez d'heures dans la journée pour qu'on discute de toutes les affaires mal montées ou des entrepreneurs paumés. Il faudrait que vous fassiez quelque chose d'étonnamment stupide pour être un sujet de conversation.

Q. Est-il nécessaire d'avoir engagé un avocat et un comptable avant de lever des fonds ?

R. Non, mais il est préférable d'avoir un avocat pour deux raisons. Premièrement, pour le cas où vous auriez choisi un cabinet reconnu pour son travail financier auprès des entreprises et des capital-risqueurs, vous montrerez que vous savez ce que vous faites. Deuxièmement, vous avez besoin d'un avocat ayant de l'expérience pour monter le dossier financier. Un cabinet comptable est moins important parce qu'il n'y a pas encore beaucoup de comptabilité.

Q. Est-il mieux de demander de l'argent pour le projet tout entier jusqu'à la liquidité ou juste ce qu'il faut pour un ou deux ans ?

R. Il vous est impossible de savoir si la société sera liquide, quand elle le sera et combien d'argent il vous faudra d'ici-là. Cependant, ce que vous voulez obtenir et ce que les investisseurs veulent donner, c'est assez de capital pour parvenir à la prochaine étape importante, plus un coussin de six mois pour le cas où vous prendriez du retard.

Q. Mon affaire doit-elle être complètement fonctionnelle et rentable pour attirer un investissement en capital ?

R. L'activité du capital risque est cyclique – d'aucuns diraient boulimique. Dans les époques de fête, les capital-risqueurs financeront quiconque sait démarrer PowerPoint. Dans les époques de purge, les capital-risqueurs deviennent, pour la plupart, prudents et veulent des sociétés « fonctionnelles et rentables ».

Votre tâche est de trouver des capital-risqueurs qui font des paris de bonne heure sur des sociétés « qui n'ont pas fait leurs preuves ». Quand les capital-risqueurs vous disent qu'ils n'investissent que dans les sociétés « qui ont fait leurs preuves », ils mentent. Ce qu'ils vous disent en réalité, c'est : « Nous ne saisissons pas, donc nous nous en tirons en vous disant cela. Si nous comprenions et croyions en vous, nous prendrions le risque ».

Q. L'existence d'un leader évident sur le marché que nous visons m'empêche-t-elle d'avoir un financement ?

R. Je peux répondre sans équivoque : « Cela dépend ». Si on est tôt dans le cycle de vie de ce marché et qu'il est clair que ce marché sera immense, vous pouvez avoir du financement.

Commodore était le leader reconnu dans les ordinateurs personnels, et des quantités de sociétés ont été financées après. D'un autre côté, ce serait difficile dans un marché mature et qui demande beaucoup de capital comme celui de l'automobile.

Cela dépend aussi de l'investisseur. Certains seront effrayés par l'existence d'un leader sur le marché. D'autres verront l'existence de ce leader comme la preuve qu'il y a un marché et seront prêts à s'attaquer à ce leader.

Il y a une chose en plus à laquelle il faut penser. Votre question porte spécifiquement sur le financement. Cela dit, la capacité à être financé et la viabilité de votre organisation ne sont pas la même chose. Votre idée de vous attaquer au leader peut n'être pas finançable, mais elle peut quand même être viable : que des réponses négatives d'investisseurs ne vous arrêtent pas.

Q. Vaut-il mieux avoir moins d'investissements, mais plus grands, plutôt que beaucoup d'investissements, mais plus petits ?

R. Estimez-vous très heureux si vous avez le choix. Moins d'investisseurs signifie moins de relations à gérer. Cela dit, si apporter plus d'investisseurs veut dire que vous récupérez aussi des investisseurs moins avertis, évitez.

Il y a cependant plusieurs bonnes raisons à avoir des investisseurs supplémentaires : plus d'investisseurs, cela veut aussi dire plus de gens pour vous ouvrir des portes, vous aider à recruter et à créer de la rumeur ; quand vous aurez besoin de capital supplémentaire, il sera agréable d'avoir déjà plusieurs sources d'argent ; il est dangereux de n'avoir qu'un seul investisseur à décider s'il y a un désaccord.

Q. Si j'accepte de l'argent d'un *business angel*, est-il raisonnable et habituel d'avoir une clause de rachat me permettant de conserver des actions si je peux rembourser son prêt avec un intérêt ?

R. Absolument pas. Les *business angels* mettent de l'argent dans votre société au moment le plus risqué, donc ils doivent avoir autant d'avantages que n'importe qui. Si vous prévoyez une clause de rachat, vous marquerez des mauvais points de karma[53], et une *start-up* a besoin de tout le bon karma qu'elle peut trouver.

Q. Les investisseurs actuels doivent-ils assister aux présentations de la société auprès d'investisseurs potentiels ?

R. Si l'investisseur potentiel est d'accord, c'est généralement vu comme étant positif : « Les investisseurs actuels sont assez concernés pour venir avec la société à notre réunion ». Si l'investisseur actuel est une personne célèbre, je vous en prie, emmenez-la.

Q. Qu'est-ce qui a le plus d'attrait pour des investisseurs : le concept d'un produit qui a un marché établi de plusieurs milliards, mais où il y a déjà des acteurs ou une idée de produit qui va créer un marché de plusieurs milliards et où il n'y a pas de concurrence sur le court terme ?

R. Cela dépend de l'investisseur. Il y a une poignée d'investisseurs qui aime les investissements de type « le meilleur des mondes », mais la grande majorité ressemble aux bisons : ils courent tête baissée vers la falaise parce que c'est ce que fait le reste du troupeau. D'une certaine façon, lever des capitaux est un jeu statistique : vous avez à faire beaucoup de présentations pour trouver l'investisseur qui signera un chèque.

53. La définition du « karma » selon *Le Petit Larousse* est la suivante : « Principe fondamental des religions indiennes qui repose sur la conception de la vie humaine comme maillon d'une chaîne de vie *(samsara)*, chaque vie étant déterminée par les actes accomplis dans la vie précédente. » (NDT)

Q. Sur quoi devons-nous mettre le plus l'accent : dire comment le produit résout un problème et faire l'analyse de notre compétitivité ou montrer comment les investisseurs peuvent avoir une rentabilité de x % ?

R. Le premier cas, jamais le second. Personne ne peut prédire quand et comment aura lieu la liquidité. Essayer de le faire vous fera passer pour un idiot.

Q. Quand un entrepreneur doit-il abandonner l'idée d'avoir du capital d'un investisseur ?

R. Je n'ai jamais vu le cas où un entrepreneur aurait fait revenir un investisseur sur sa décision négative en argumentant. Quand un investisseur dit non (avec beaucoup de mots, comme nous l'avons vu plus tôt), ne discutez pas.

Abandonnez la partie avec le sourire, mais revenez quand vous avez une « pièce à conviction ». Vous aurez cette pièce à conviction en terminant votre produit ou votre service, en pénétrant chez des comptes prestigieux, en levant des fonds auprès d'autres sources de capital et en construisant une équipe de choc. L'obstination, avec des preuves, ça marche.

Q. Quel est le salaire raisonnable que peut se donner un P.-D.G. sans effrayer un investisseur ?

R. Il est difficile de donner des chiffres dans l'abstrait. En 2004, pour des *start-up* dans la technologie, la réponse est probablement 125.000 dollars par an. La réponse qui résiste le mieux à l'épreuve du temps est que le P.-D.G. ne doit pas être payé plus de quatre fois plus que l'employé à plein temps le moins payé.

Q. Les *business angels* aiment que les entrepreneurs se mouillent un peu financièrement. Je n'ai pas d'argent pour investir dans l'affaire. Comment surmonter cela ? Quelle est maintenant la position des capital-risqueurs sur le sujet ?

R. Pour un capital-risqueur ou un *business angel*, l'implication financière d'un entrepreneur est une bonne chose, mais pas une nécessité. Evidemment, ne croyez pas que, parce que vous avez été assez stupide pour mettre de l'argent dans une mauvaise idée, d'autres investisseurs le feront.

Si vous pensez que la seule raison pour laquelle un investisseur a refusé est votre absence d'implication financière, c'est que la réponse était négative de toute façon. Ce qui importe davantage est la durée pendant laquelle vous avez travaillé sur le produit et *bootstrappé* la société, ainsi que les progrès faits.

Inversement si l'investisseur est d'accord pour ajouter du capital essentiellement parce que vous êtes impliqué personnellement, c'est que cet investisseur est un imbécile et vous ne devriez pas avoir envie de lui. Aussi, dans presque tous les cas, vous serez très impliqué financièrement sous la forme de journées de galère.

Q. Si un angel demande quelle sera la rentabilité de son investissement, quelle est la meilleure réponse ?

R. Il convient de lui répondre qu'il n'est pas un investisseur averti car il saurait ne pas poser une question pour laquelle il n'y a pas de réponse. Je parie, cela dit, que vous n'aurez pas le culot de répondre cela, donc, à la place, vous pouvez lui demander de parcourir vos projections financières avec vous et lui poser alors cette question : « Qu'est-ce qui serait réaliste, à votre avis ? »

Q. Comment dois-je m'habiller pour les rendez-vous avec des capital-risqueurs ?

R. Tout dépend de quelle partie des Etats-Unis vous êtes. Sur la côte Est, soyez en veste et cravate. Sur la côte Ouest, vous pouvez être plus informel – des *docksides* et un polo font l'affaire. Peu importe où vous êtes, si vous êtes un crack en technologie, vous pouvez vous en tirer avec un *tee-shirt* propre et des *jeans.*

Q. Si je n'ai pas une entrée en Bourse ou une acquisition comme stratégie de sortie, attirerai-je jamais des investisseurs ? Des investisseurs peuvent-ils être intéressés par une rentabilité sous forme de dividendes ou par un rachat par les fondateurs de la société dans 5 ou 10 ans ?

R. Seulement si l'investisseur est votre mère. Si les investisseurs sont des professionnels, ne levez pas de capitaux si vous n'avez pas en vue une entrée en Bourse ou une acquisition. S'il s'agit de *business angels*, un investissement dans votre organisation peut être l'effet d'une tocade, d'un coup de foudre ou de la sympathie – alors la question de la liquidité n'est pas aussi importante. Mais les dividendes ou le rachat n'attirent que peu d'investisseurs.

Q. Les entrepreneurs doivent-ils accepter la valorisation proposée par le capital-risqueur qui veut investir dans leur affaire ?

R. Quelle que soit la première offre, demandez une valorisation plus élevée de 25 % car on s'attend à ce que vous la discutiez – en fait, si vous ne le faites pas, vous pourriez effrayer le capital-risqueur en lui donnant à penser que vous n'êtes pas un bon négociateur. Il serait bon que vous ayez quelques arguments montrant pourquoi votre valorisation devrait être plus élevée – dire que ce livre vous a conseillé de discuter ne suffira pas.

Au bout du compte, cependant, si la valorisation est raisonnable, prenez l'argent et allez de l'avant. Vous verrez ou bien que vous faites plus d'argent que tout ce que vous pouviez penser ou que votre société mourra. Dans les deux cas, la valorisation et un peu plus ou un peu moins de pourcentage font rarement une grande différence.

Pour estimer approximativement votre valorisation, en 2004, vous pouvez utiliser la loi de Kawasaki sur la valeur *pre-money*[54]: pour chaque ingénieur à temps plein, ajoutez 500.000 dollars. Pour chaque MBA à temps plein, soustrayez 250.000 dollars. Si c'est trop peu scientifique pour vous, alors utilisez des services comme ceux de VentureOne (www.ventureone.com) ou VentureWire (www.venturewire.com) pour avoir des informations sur les financements actuels.

Q. Comment puis-je protéger une idée puisque peu d'investisseurs acceptent de signer un engagement de confidentialité ?

R. Vous avez raison : peu d'investisseurs en signeront un, et même s'ils le faisaient, il est préférable que le simple fait d'entendre votre idée ne la rende pas copiable. Je n'ai jamais vu de cas où un entrepreneur aurait parlé d'une idée à un investisseur qui l'aurait ensuite piquée.

Les investisseurs cherchent des gens qui sont capables de mettre en oeuvre des idées et pas simplement de les avoir. Avoir des idées est facile. C'est la réalisation qui est difficile – et c'est là qu'est l'argent. Très franchement, peu d'investisseurs sont capables de concrétiser une idée – et c'est pourquoi ils sont maintenant investisseurs… Mais je divague.

54. http://www.123venture.com/formation/glossaire.html : « On parle de valeur *pre money* d'une société non cotée quand la valorisation est faite avant l'apport en capital, et *post money* quand la valeur est calculée après l'apport en capital. La valeur post money est égale à la valorisation *pre money* plus l'apport en capital». (NDT)

Voici les cinq points sur l'utilisation d'un engagement de confidentialité :

• Ne demandez jamais à un investisseur d'en signer un pour avoir une première réunion ou pendant la première réunion. Tout investisseur qui en signerait un à ce stade est un investisseur dont vous ne voudriez pas.

• Si vous demandez un engagement de confidentialité pour simplement discuter de votre idée, gardez le poste que vous avez aujourd'hui parce que vous êtes un paumé. Même maintenant, on me demande de signer des engagements de confidentialité pour entendre parler de la vente de livres en ligne !

• Faites circuler votre sommaire et votre présentation PowerPoint librement. Ces documents ont pour but d'encourager les investisseurs à aller à l'étape suivante. Ils ne doivent pas révéler vos ingrédients magiques.

• Demandez un engagement de confidentialité si un investisseur est intéressé par votre affaire et veut plus de détails. Au stade de l'audit, c'est raisonnable pour un investisseur qui est intéressé. C'est surtout valable pour une société en biotechnologie ou en sciences de la matière.

• Une fois que les brevets ont été déposés, vous devriez vous sentir relativement en sécurité lorsque vous parlez de vos ingrédients magiques avec un engagement de confidentialité – ce qui ne veut pas dire que vous aurez le temps ou les ressources pour attaquer pour violation de brevet.

La moralité de l'histoire est que la meilleure protection d'une idée est une bonne exécution de cette idée.

Q. Quand dois-je arrêter d'essayer de trouver/négocier un meilleur accord et prendre ce qu'on m'offre ?

R. C'est une bonne idée d'arrêter de chercher et de négocier si vous ne pouvez pas faire la paie. Si l'arrangement qu'on vous offre est à 20 % près ce que vous vouliez, prenez. Concentrez-vous sur la construction de votre affaire, et non sur la recherche du meilleur accord. Sur le long terme, la qualité de votre entreprise est ce qui détermine combien d'argent vous allez faire, pas l'arrangement que vous faites des années auparavant avec un investisseur.

Q. Qu'est-ce qui devrait me préoccuper le plus, la dilution du capital, les besoins réels de mon affaire ou le montant que veut mettre l'investisseur ?

R. Voici l'ordre des priorités : les besoins réels de votre société, le montant que veut mettre l'investisseur, puis à la fin et vraiment à la fin, la dilution.

Q. Comment extraire plus de valeur des administrateurs de mon conseil d'administration ?

R. La première mesure, et la plus importante, est de leur enlever leurs *Blackberrys* pendant les réunions du conseil d'administration. Ensuite, généralement, vous faites vos demandes. Etonnamment, beaucoup d'entrepreneurs sont trop intimidés par leur conseil d'administration pour les gérer activement. Allouez-leur des tâches et rendez-les responsables. Ils vous rendent responsables eux aussi.

LECTURES RECOMMANDEES

STROSS (Randall E), *eBoys : The True Story of Six Tall Men Who Backed eBay, Webvan, and Other Billion-Dollar Start-up.* Crown Business, 2000.

La prolifération

Chapitre VIII
L'art de faire un partenariat

> Alliance, n. En politique internationale, l'union de deux voleurs où chacun a la main si profondément enfoncée dans la poche de l'autre qu'ils ne peuvent pas piller un tiers séparément.
>
> Ambrose BIERCE

L'ESSENTIEL

Quiconque a été impliqué dans le phénomène *dotcom* des années 1990 a développé beaucoup de partenariats. Il y avait des partenariats de recherche, des partenariats de marché, des partenariats de distribution et des partenariats commerciaux. Franchement, il y avait plus de partenariats que de revenus.

Ce que la plupart des sociétés ont appris, c'est que les partenariats sont difficiles. Même si les deux parties avaient le désir que 2 + 2 fassent 5, ils n'arrivaient qu'à faire 3. Le problème suivant se posait : le prestige, la vanité et les couvertures médiatiques potentielles poussaient les entreprises à mettre en place des collaborations absurdes.

La finalité d'un bon partenariat est d'accélérer la création de trésorerie, d'accroître les revenus et de réduire les coûts. Les partenariats construits sur des raisons solides comme celles-ci ont une bien plus grande probabilité de succès.

Une fois que vous avez compris ceci, un partenariat est simplement une affaire d'exécution : s'assurer que les gens font le travail pour en être à part entière, trouver des champions internes, se focaliser sur les points forts, faire des arrangements où tout le monde y gagne, attendre le moment opportun pour faire intervenir les avocats et mettre en place les documents juridiques, et établir les façons de dissoudre la relation.

FAITES DES PARTENARIATS POUR DES RAISONS DE « CHIFFRES »

Un partenariat efficace produit des résultats séduisants pour une *start-up*. Il peut accélérer l'entrée dans une nouvelle région géographique ou dans un nouveau segment de marché, ouvrir des canaux de distribution supplémentaires, stimuler le développement d'un nouveau produit et réduire les coûts.

Je parle de raisons de « chiffres » car un partenariat doit changer vos prévisions financières. Malheureusement, bien des sociétés forment des partenariats pour des raisons qui n'affectent en rien leurs revenus. Elles les font pour la gloriole, faire taire les critiques, parce que tout le monde en fait ou pour le plaisir de la chasse.

Par exemple, Apple et Digital Equipment Corporation formèrent un partenariat à la fin des années 1980 pour répondre à des critiques de la presse. En bref, Apple n'avait pas de passé sur la gestion de données et Digital n'avait pas d'expérience sur les ordinateurs personnels.

L'alliance ne donna pas grand chose – certainement pas de produits qui propulsèrent la légitimité d'Apple dans les grandes sociétés ou DEC dans l'univers *cool* des ordinateurs personnels. Je doute que l'un ou l'autre ait modifié leurs données financières, si ce n'est pour accroître les coûts. C'était pour les deux, dans le meilleur des cas, un artifice de relations publiques pour que la presse leur fiche la paix.

En tout cas, j'ai appris là une leçon précieuse : il ne faut jamais former de partenariat pour faire plaisir à la presse.

Apple créa aussi un partenariat bien plus réussi avec une *start-up* qui s'appelait Aldus Corporation, l'éditeur de PageMaker. A l'époque, Apple piétinait parce que les grandes sociétés voyaient le Macintosh comme un gentil joujou graphique, non comme un ordinateur professionnel.

Apple avait besoin d'une « *killer application*[55]» pour aider à faire démarrer la vente de Macintosh. Au même moment, Aldus avait besoin d'aide pour vendre son logiciel en accédant aux canaux de distribution, en éduquant la force de vente chez les revendeurs, en ouvrant des comptes majeurs et en formant les utilisateurs finals.

C'était parfait : chaque société avait besoin de l'autre pour accroître ses revenus. Avec sa force de vente, sa capacité de faire de la publicité et son influence sur le marché, Apple pouvait aider Aldus à atteindre une masse critique. Aldus jouait son rôle en fournissant aux gens une raison convaincante d'acheter du Macintosh plutôt que des ordinateurs avec Windows.

Le partenariat Apple-Aldus créa un nouveau marché appelé le *desktop publishing*[56]. La PAO « sauva » Apple et « fit » Aldus. Tout le monde connaît la suite de l'histoire.

Exercice

Retournez aux prévisions ascendantes de revenus que vous avez faites au chapitre sur le *bootstrapping*. Le partenariat auquel vous pensez vous fera-t-il changer vos chiffres ?

55. http://www.01net.com/article/191775.html?rub= « Application d'une nouvelle machine ou d'un nouveau système qui emporte l'adhésion et fait le succès de cette machine ou de ce système. » (NDT)

56. Aussi traduit par « Publication assistée par ordinateur, PAO » en français. (NDT)

DEFINISSEZ QUI FAIT QUOI ET POUR QUAND

Si vous acceptez la théorie qui fait des chiffres le fondement d'un bon partenariat, vous comprendrez que la prochaine étape est de définir ce qu'il faut créer et des objectifs comme ceux-ci :

- Revenus supplémentaires.
- Réduction des coûts.
- Nouveaux produits et nouveaux services.
- Nouveaux clients.
- Nouveaux marchés géographiques.
- Nouveaux programmes de support.
- Programmes de formation et programmes de marketing.

Très peu de sociétés définissent des objectifs et ce qu'il y aura à produire pour deux raisons. Premièrement, le partenariat est construit sur du sable ; donc il est difficile de définir ce qui devra être fait et pour quand. Ce n'est pas de bon augure.

Deuxièmement, et c'est moins déprimant, les gens n'ont pas la discipline de définir ce qui devra être fait et pour quand parce qu'ils sont trop occupés, désorganisés ou négligents – ou ils ont tout simplement peur d'avoir à mesurer des résultats.

Voici une *check-list* des sujets à examiner :

- Que délivrera chaque société ?
- A quelle date le produit sera-t-il livré ?
- Où cela sera-t-il livré ?
- Quelles sont les étapes intermédiaires que chaque organisation devra franchir ?

Vous trouverez qu'en basant un partenariat sur les chiffres, et en définissant qui fait quoi et pour quand, vous triplerez les chances de succès d'un partenariat.

ASSUREZ-VOUS QUE LES NIVEAUX INTERMEDIAIRES ET LA BASE ADHERENT AU PARTENARIAT

Il y avait un deuxième défaut fondamental dans le partenariat entre Apple et Digital : dans les deux organisations, les niveaux intermédiaires et la base (c'est-à-dire ceux qui font vraiment le travail) n'y croyaient pas.

En tant qu'employé d'Apple, je me souviens d'avoir pensé : « Qu'est qu'une bande de gens dans la micro-informatique sur la côte Est apporte à Apple ? » On peut tout à fait supposer que les employés de DEC pensaient de leur côté : « Pourquoi faisons-nous un partenariat avec une société farfelue de Californie faite de hippies en *Birkenstocks* et en *tee-shirts Grateful Dead*[57] assis toute la journée dans des fauteuils poire ? »

Si vous voulez qu'un partenariat marche, ne centrez pas vos efforts sur l'accord entre les P.-D.G. ou entre les directions ni sur leur venue à la conférence de presse. Assurez-vous plutôt que les niveaux intermédiaires et la base comprennent le partenariat, qu'ils en souhaitent la réussite et qu'ils estiment la contribution de leurs homologues.

Cette coopération commence quand il y a une solution où tout le monde est gagnant et où chaque partie a besoin de l'autre. Toute annonce, s'il y en a, doit venir *après* qu'on sait que le partenariat fonctionne bien. En vérité, les meilleurs partenariats sont ceux où les directions des deux sociétés sont à peine impliquées.

57. Grateful Dead est un groupe de rock psychédélique américain, créé en 1965 à San Francisco et qui s'est séparé en 1995, après la disparition de son leader Jerry Garcia. http://fr.wikipedia.org/wiki/Grateful_Dead (NDT)

TROUVEZ DES CHAMPIONS EN INTERNE

Pour qu'un partenariat marche, les deux entreprises doivent avoir un champion en interne qui s'assure que le partenariat tient bien. Les P.-D.G. sont rarement efficaces dans cette tâche, parce que la plupart ont un problème d'attention. Il faut une personne ou un petit groupe qui croit vraiment au partenariat et en fait une question de survie personnelle.

Nombreux sont ceux qui ont entendu parler de John Sculley, l'ancien P.-D.G. d'Apple. Beaucoup moins ont entendu parler de John Scull. John Scull était le champion de la PAO à l'intérieur d'Apple. On était en 1985 et John servait de contact aux initiatives d'Apple dans ce marché naissant.

A un certain moment, il travaillait avec divers départements d'Apple, l'ingénierie, les ventes, la formation, le marketing et les relations publiques, pour aider Aldus. En même temps, il travaillait avec Aldus pour pourvoir aux besoins d'Apple en matière d'information sur le produit, d'exemplaires du logiciel et d'analyse des besoins des clients dans les sociétés. De surcroît, il s'employait à convertir les journalistes et les experts à la PAO. Pour les employés en interne et les gens à l'extérieur, John était M. PAO.

Si la PAO avait échoué, cela aurait été de la faute de John. Comme ça a réussi, c'est devenu l'idée de beaucoup de gens. (Ainsi en va-t-il de la vie d'un champion.) Et si la chose avait échoué, sans doute n'y aurait-il plus d'Apple aujourd'hui. Voici les leçons à retenir du succès de John avec la PAO :

- Identifiez une seule personne dans chaque société. On ne peut pas construire le succès d'un partenariat si les entreprises n'y contribuent qu'à temps partiel.

• Faites du succès du partenariat l'objectif exclusif de ce champion. La personne doit réussir grâce à ce partenariat ou y laisser sa peau. Rien d'autre ne compte. Ainsi, le champion peut rarement être un dirigeant car les dirigeants ont toujours quelque chose d'autre à faire.

• Donnez du pouvoir au champion. Pour faire fonctionner un partenariat, on ne peut pas tenir compte des priorités et prérogatives de chacun des départements. Il faudra peut-être marcher sur les plates-bandes de certains ou faire des choses qu'ils ne veulent pas faire. C'est pour cela que le champion doit avoir du pouvoir et que les gens doivent savoir qu'il en a. Il était utile, dans le cas de John Scull, qu'il ait un nom qui ressemblait à celui du P.-D.G. de la société.

METTEZ L'ACCENT SUR LES POINTS FORTS, NE MASQUEZ PAS LES FAIBLESSES

Le troisième défaut fondamental de l'alliance entre Apple et DEC était de reposer sur la faiblesse. Les deux entreprises essayaient de compenser des manques graves dans leur offre. Voici leur philosophie : « Vous masquez notre faiblesse et nous masquerons la vôtre. A nous deux, nous allons mystifier tout le monde ».

Une bien meilleure philosophie est de mettre l'accent sur les points forts des deux partenaires : « Vous faites cela vraiment bien, laissez-nous vous aider à le faire encore mieux. Nous faisons cela vraiment bien, aidez-nous à le faire encore mieux ».

Dans l'exemple Apple-DEC, voici ce que cela aurait donné : « Apple, vous faites un ordinateur personnel génial. S'il était meilleur en gestion de données, ce serait encore mieux ». Et : « DEC, vous comprenez vraiment la gestion de données. Si vous pouviez apporter cela aux masses par la facilité d'utilisation, ce serait encore mieux ».

En revanche, le partenariat Apple-Aldus mettait l'accent sur les points forts. Ceux d'Apple étaient ses revendeurs sur le terrain, ses formateurs et ses connexions chez des comptes d'importance nationale. L'atout d'Aldus était son expertise dans la mise en page et l'édition électroniques.

FAITES DES PARTENARIATS OU TOUT LE MONDE EST GAGNANT

Pour faire vraiment fonctionner le flux de produits, de services, de clients et d'argent, les deux partenaires doivent être gagnants. Nombreux sont les partenariats entre deux sociétés de tailles complètement différentes, ce qui produit souvent des accords déséquilibrés.

En 1990, United Parcel Service (UPS) et Mail Boxes Etc. signèrent un accord gagnant pour tous les deux[58]. Mail Boxes Etc. fournit des services d'emballage, d'envoi, de réception, de secrétariat, de fax et de photocopie dans ses boutiques. UPS investit environ onze millions de dollars dans la société. Voici comment les deux parties ont été gagnantes :

• UPS bénéficia d'une couverture nationale instantanée permettant aux clients de déposer ou de récupérer des paquets. UPS n'avait pas à investir du temps ou de l'argent pour avoir ses propres bureaux.

• Mail Boxes Etc. se garantit le marché de UPS et évita de l'avoir pour concurrent, ce qui aurait été le cas si UPS avait décidé d'avoir ses bureaux.

La dissymétrie de nombreux partenariats n'est pas une nécessité. Elle a lieu *seulement parce que* l'entité la plus grande a la possibilité de contraindre la plus petite à accepter un arrangement médiocre. C'est une mauvaise idée pour les deux partenaires :

58. GENDRON (George), *A Sweet Deal,* Inc., March 1991.

- Les systèmes gagnant/perdant ne durent pas. L'oppression est rarement un procédé viable.
- Si vous voulez que les échelons intermédiaires et la base soutiennent le partenariat, il faut que les deux parties en voient le bénéfice.
- C'est du mauvais karma, et le karma compte dans tous les aspects d'un partenariat.

Si vous êtes une *start-up*, méfiez-vous des partenariats gagnant/perdant, quel que soit leur attrait. Ils marchent rarement. Si vous êtes une grosse société, surveillez vos instincts et faites des partenariats gagnant/gagnant. Eux seuls sont viables.

FAITES LES DOCUMENTS AU BON MOMENT

Voici une question qui n'est pas théorique. Qu'est-ce qui vient en premier : une réunion où l'on s'entend, comme celles où on chante le Kumbaya[59], ou l'esquisse d'un document juridique décrivant le partenariat ? Vous subodorez ma préférence.

Bien des entrepreneurs envoient la version initiale d'un document pour mettre en branle la discussion. Vous croyez que votre société est plus agile que le monstre avec lequel vous essayez de faire un partenariat. Vous pouvez agir plus rapidement, donc c'est vous qui ferez le projet. L'autre partie devra alors commencer la négociation à partir de vos prémisses, non des leurs.

En fait, c'est une approche très risquée, car un document a sa vie propre. On peut, par exemple, le faire suivre directement à un dirigeant – ou pire, à un avocat (voir la section suivante) – qui n'est pas informé qu'il « s'agit simplement d'un point

59. http://fr.wikipedia.org/wiki/Culture_de_l%27Angola : « La chanson angolaise la plus célèbre est Kumbaya (« Viens par ici, mon Seigneur »). Certains linguistes pensent que cette chanson serait créole, plus précisément du langage gullah, du sud des États-Unis d'Amérique. Si c'était le cas, elle aurait été importée en Angola par des missionnaires, puis redécouverte. » (NDT)

de départ pour la discussion ». Un document qui se balade peut susciter la méfiance et faire dérailler le processus.

Voici une meilleure approche :

- Vous avez un tête-à-tête. Débattez les grandes lignes de l'arrangement.
- Quand vous commencez à être d'accord, allez au tableau et écrivez les points d'accord.
- Faites un suivi par un e-mail d'une ou deux pages donnant les grandes lignes, le « cadre » du partenariat.
- Précisez tous les détails par e-mail, par téléphone et lors des réunions de suivi.
- Faites le projet du document juridique.

Bien des gens essaient de passer directement de la phase 1 à la phase 5. Ce n'est pas une bonne idée. Un document doit suivre une discussion, jamais la diriger.

ATTENDEZ AVANT DE LEGIFERER

> Chez certaines personnes, après cinquante ans, les litiges sont un substitut à l'activité sexuelle.
>
> GORE VIDAL

S'il y a une façon de s'assurer qu'un partenariat n'aboutira pas, c'est de demander conseil à des avocats trop tôt. Si vous faites cela, vous apprendrez que les raisons de ne pas signer le contrat l'emportent sur celles de le faire. Il faut se mettre d'accord sur deux choses avant d'impliquer les avocats. Ensuite, trouvez un avocat qui veut sincèrement réaliser des accords et mettre en place le cadre juridique approprié.

Les avocats voient souvent leur rôle comme celui de l'« adulte qui supervise » et évite les engagements stupides.

Cependant, ils ont souvent le préjugé suivant : un accord est mauvais tant qu'on n'a pas la preuve qu'il est bon. Evitez ce profil d'avocat. Choisissez-en un qui s'attache à résoudre les problèmes et vous délivre un service à vous, le client.

Quand vous avez l'avocat qui convient, vous devez établir cette perspective : « C'est ce que je veux de vous ; maintenant faites en sorte que je n'aille pas en prison ». C'est différent de demander : « Puis-je faire cela ? »

PREVOYEZ UNE CLAUSE DE SORTIE DU CONTRAT DE PARTENARIAT

Comme le disent les Japonais *(sic)*[60], « Mazel tov »[61], votre contrat est presque fait. Puisque tout le monde devrait être gagnant, la dernière chose que vous voulez est que votre partenaire puisse mettre un terme à cet arrangement, n'est-ce pas ?

Aussi contre-intuitif que cela puisse paraître, vous devez mettre une clause de sortie au contrat. Quelque chose dans le genre : « Chaque partie peut mettre un terme à cet accord avec un préavis de trente jours ». En voici la raison : une fin facile assure la longévité d'un accord car les deux parties ne se sentent pas coincées à tout jamais.

Une sécurité de ce type permet à chacun de garder la tête froide et de travailler plus à faire fonctionner le partenariat – sachant que dans le pire des cas il est facile d'y mettre fin. Aussi, il est plus probable que les gens prennent davantage le risque d'être innovants ensemble quand le partenariat n'est pas coulé dans du béton.

60. Guy Kawasaki est hawaiien-japonais de troisième génération. (NDT)
61. En yiddish : « Bonne chance ! » (NDT)

Ne vous méprenez pas sur ce que je dis : je ne me fais pas l'apôtre de partenariats dont il est facile de se défaire. Au contraire, un bon partenariat implique l'engagement de ressources sérieuses de part et d'autre. Cela dit, il faut qu'il soit difficile de sortir du partenariat parce qu'il est important pour les deux parties, non parce qu'il y a un contrat.

SORTEZ DU VENTRE DU SERPENT

Pour reprendre l'expression de Heidi Mason, coauteur de *The Venture Imperative*, essayer de faire un partenariat avec une organisation plus grande et établie, c'est comme « être enfermé dans le ventre d'un serpent ». Le processus se terminera à un moment ou à un autre, mais seulement quand il ne restera de vous que les os mal digérés. C'est pourquoi, il est très important de savoir identifier – et interpréter – les dix mensonges principaux relatifs aux partenariats.

LA GRANDE ENTREPRISE DIT...	ENTENDEZ...
« Nous voulons faire cela pour des raisons stratégiques ». « Notre direction veut vraiment le faire ».	Ils ne savent pas pourquoi ce partenariat est important. Un directeur a écouté la proposition trente secondes et n'a pas encore eu le temps de dire non.
« Nous pouvons avancer rapidement ».	Personne n'a encore parlé au département juridique.
« Notre département juridique ne sera pas un problème ».	Le département juridique sera un problème énorme.
« Nous voulons synchroniser l'annonce de notre partenariat avec la sortie d'une nouvelle version de notre produit. »	La sortie sera en retard, et nous ne pouvons rien faire au fait que cela retarde notre partenariat.
« L'équipe d'ingénierie aime vraiment ».	L'équipe de marketing va tuer la chose.
« L'équipe de marketing aime vraiment ».	L'équipe d'ingénierie va tuer la chose.
« Les équipes d'ingénierie et de marketing aiment vraiment ».	Les avocats vont tuer la chose.
« Les équipes d'ingénierie, de marketing et le département juridique aiment vraiment ».	Pincez-vous – vous êtes en train de dormir et vous rêvez.
« Nous formons une équipe plurifonctionnelle pour assurer le succès de ce projet ».	Personne n'a la responsabilité du succès de ce projet.

Mini-chapitre L'art du *schmoozing*[62]

La question n'est pas ce que vous savez
ou qui vous connaissez, mais qui vous connaît.

Susan Roane

Il est beaucoup plus facile de construire des partenariats avec des gens que vous connaissez déjà ou, plus précisément, avec des gens qui vous connaissent déjà. Le processus qui permet de construire ces relations sociales s'appelle le « *schmoozing* ».

Si vous avez des réticences sur le *schmoozing*, parce que vous êtes timide, que vous trouvez cela choquant ou pensez que c'est de la manipulation, rassurez-vous. Darcy Rezac, dans son livre, *The Frog and the Prince*, définit le « *networking*[63] » (qui veut dire « *schmoozing* » pour les goys) comme l'art de « découvrir ce que vous pouvez faire pour quelqu'un »[64].

Les *schmoozeurs* d'envergure adoptent l'attitude extérieure de Rezac, ce « que puis-je faire pour vous ? ». C'est capital pour se construire des connexions durables et nombreuses. Sur cette base, voici comment faire en sorte que plus de gens se mettent à vous connaître.

• Sortez. Le *schmoozing* est un sport de contact. Vous ne pouvez pas le pratiquer à la maison ou au bureau tout seul, donc forcez-vous à aller aux expositions, aux conventions, aux séminaires, aux conférences et aux cocktails.

62. Voir note 49. (NDT)

63. En américain, le fait de construire un réseau, qu'il s'agisse d'un réseau informatique ou d'un réseau social. (NDT)

64. Rezac (Darcy), *The Frog and the Prince* (Vancouver: Frog and Prince Networking Corporation, 2003), 14.

• Posez de bonnes questions et ensuite taisez-vous. Les bons *schmoozeurs* ne dominent pas les conversations. Ils les ouvrent avec des questions intéressantes et ensuite, ils écoutent. Les bons *schmoozeurs* ne sont pas des bons orateurs ; ils sont de bons auditeurs. Personne ne fascine tant que quelqu'un qui écoute bien. La meilleure question initiale est : « Que faites-vous ? »

• Faites un suivi. Dans les vingt-quatre heures après une rencontre. Envoyez un e-mail. Passez un coup de fil. Envoyez un exemplaire de votre nouveau livre. Il y a des gens qui ont peur de donner leur numéro de téléphone ou leur adresse e-mail parce qu'ils craignent d'être submergés. Ce n'est pas mon expérience. Si peu de gens font un suivi, ceux qui le font méritent qu'on les connaisse.

• Soyez facile à contacter. Aussi ironique que ce soit, nombreux sont les gens qui veulent être des fantastiques *schmoozeurs* mais sont difficiles à contacter. Par exemple, ils n'ont pas de carte de visite sur eux ou ils n'y indiquent pas leur adresse électronique ou leur numéro de téléphone. Et s'ils fournissent leurs coordonnées, ils ne répondent pas aux messages électroniques ou téléphoniques.

• Révélez vos passions. Si vous ne savez que parler de votre travail, vous êtes un personnage ennuyeux. Les bons *schmoozeurs* parlent avec passion de centres d'intérêts multiples. Ces passions permettent facilement d'établir le contact avec les gens.

Je ne veux pas dire que vous devriez vous trouver un hobby parce que c'est bon pour les affaires. Par exemple, je préfèrerais être pauvre plutôt que de jouer au golf. Cependant, je me suis fait beaucoup de relations professionnelles par le hockey – et je me suis aussi fait beaucoup de relations dans le hockey par le travail.

Pour le cas où vous n'aimeriez pas le hockey, voici d'autres passions qui permettent de créer le contact : les voitures Audi, les montres Breitling, la maladie de Ménière (mon acouphène), les boxers (je parle de la race de chiens), l'adoption d'enfants,

Londres, la photographie digitale et Macintosh. Avec ces huit passions, je peux me connecter avec n'importe qui dans le monde.

• Soyez un lecteur vorace. Si vous êtes une personne lamentable sans passions, soyez au moins un lecteur vorace pour être capable de parler un peu sur beaucoup de choses. Mettez votre page de démarrage sur les nouvelles de Google (http://news.google.com/) pour que ce soit plus facile.

• Rendez service. Il y a le tableau d'affichage sur le karma dans le ciel (plus sur ce sujet au Chapitre 11 : L'art d'être quelqu'un de bien). Ce tableau consigne ce que vous faites pour les gens. Si vous voulez être un *schmoozeur* d'envergure, faites en sorte d'avoir beaucoup de points positifs sur le tableau.

Vous y arriverez en aidant les gens – et plus particulièrement les gens qui ne peuvent apparemment rien faire pour vous. Et faites-le sans espoir de renvoi d'ascenseur. Finalement, le tableau prendra soin de vous.

• Renvoyez l'ascenseur. Comme je crois au fait de rendre service, je suis aussi l'avocat du renvoi d'ascenseur. Quand quelqu'un fait quelque chose pour vous, vous avez déjà accepté l'obligation morale de rendre. Les très bons *schmoozeurs* renvoient l'ascenseur et le font avec plaisir. Cela oriente le tableau d'affichage un peu plus dans la direction positive et vous permet de demander plus de faveurs.

• Demandez le renvoi d'ascenseur[65]. Aussi contre-intuitif que cela puisse paraître, demandez à ce qu'on vous renvoie l'ascenseur. En ce faisant vous diminuez la pression sur la personne qui a le sentiment de vous devoir quelque chose. C'est une façon de mettre les compteurs à zéro. Ensuite, l'autre personne peut de nouveau vous demander un service.

65. ROANE (Susan), *The Secrets of Savvy Networking*, (New York: Warner Books), 56.

Mini-chapitre

L'art d'utiliser l'e-mail

Je n'ai fait [cette lettre] plus longue que parce que je n'ai pas eu le loisir de la faire plus courte.

Blaise PASCAL

L'e-mail est un outil crucial pour un bon *schmoozeur.* C'est rapide, presque gratuit et universel. Il est aussi mal utilisé par la plupart des gens. Voici comment améliorer votre efficacité et faire de l'e-mail un outil de *schmoozing* puissant.

• Définissez l'objet et le nom du message. Si les gens pensent que vos messages sont des spams, ils ne les liront pas. Il est possible que vous ne puissiez pas empêcher les filtres anti/spams d'exclure vos messages, donc raison de plus pour faire de bons titres qui montrent bien qu'il ne s'agit pas de cela.

• Par exemple, des phrases comme « Suivi de notre réunion », « J'ai aimé votre discours », et « Ravi de vous avoir vu à Kona » vont battre à coup sûr des titres comme « Economisez sur le Viagra maintenant ! » « Augmentez vos ventes », ou « Financement au Nigeria ». Envoyez-vous le message à vous-même pour voir comment la ligne « de la part de » apparaît au destinataire. Si votre e-mail n'envoie pas vos nom et prénoms correctement écrits, rectifiez.

• Répondez dans les vingt-quatre heures. Comme je l'ai dit précédemment, être réactif est un facteur important. Vous devez répondre tant que l'objet de l'e-mail est d'actualité. Les messages qui sont en dehors de la première page de la boîte de réception sont souvent oubliés.

• Pas de majuscules. Un texte tout en majuscules est plus difficile à lire et interprété comme un hurlement. A défaut d'autre chose, c'est un signe évident que vous êtes un plouc en matière d'e-mail et cela ne favorise pas le *schmoozing*.

• Citez le texte. Sélectionnez la question ou la section de l'e-mail à laquelle vous répondez et citez-la pour que l'expéditeur sache à quoi vous vous référez. Les gens reçoivent des dizaines de messages par jour, donc un simple « Oui, je suis d'accord », n'est pas utile.

• Soyez bref et simple. Ne brodez pas. Allez droit au but. La longueur idéale d'un e-mail est de moins de cinq phrases. Si vous ne pouvez pas vous limiter à cinq phrases, c'est que vous n'avez pas grand-chose à dire.

Utilisez le mode texte simple, non HTML. Je présume que les e-mails en HTML sont des spams et je fais une règle de messagerie pour les détruire automatiquement. Si vous avez quelque chose de significatif à dire, vous n'avez pas besoin de texte en gras, souligné, ombré ou rouge ni de graphiques pour l'exprimer.

N'attachez pas de fichiers sauf si vous en avez la permission. Imaginez que votre destinataire soit dans une chambre hôtel avec une connexion lente et que vous ayez envoyé un fichier PowerPoint de deux mégasoctets. Croyez-vous que vous allez vous faire bien voir ?

• Faites une copie cachée des destinataires pour les groupes importants. D'une manière générale, plus le nombre de gens à qui vous envoyez un e-mail est élevé, moins vous aurez de réponses. Ainsi, demandez-vous si tout le monde doit le recevoir ou s'il serait préférable de cacher la liste des destinataires. Quand vous envoyez un e-mail à plusieurs personnes, faites-le toujours en copie cachée pour éviter les réponses involontaires à tout le monde ou la divulgation des adresses.

• Limitez les CC. Ou bien une personne doit recevoir un e-mail ou non. Un CC est un entre-deux qui n'a pas de sens : ce serait bien que cette personne soit informée. Les autres usages haineux (et inefficaces) d'un CC sont de se protéger (« Mais vous étiez en copie ! ») ou de menacer (« Regardez : j'ai mis votre patron en copie ».) Quand je reçois quelque chose en copie, je suppose que d'autres s'en occupent et j'ignore l'e-mail.

Ayez une bonne signature. Une « signature » consiste en quelques lignes de texte que votre logiciel de messagerie ajoute automatiquement à la fin de tout message. Une bonne signature donne le nom, la société, l'adresse, le téléphone, l'adresse électronique et l'URL du site Web. C'est utile pour copier et coller des informations dans un calendrier ou une base de données. Vous ne voulez tout de même pas que les gens qui cherchent à vous contacter soient contraints de courir après l'information. Voici ma signature :

Garage Technology Ventures
3300 Hillview, Suite 150
Palo Alto, CA 94304
+1 650-354-1854
+1 650-354-1801 (fax)
kawasaki@garage.com

• N'envoyez pas un message que vous croyez amusant. Il est probable que les destinataires l'auront déjà reçu. Si vous en êtes à l'origine, tant mieux pour vous. Mais si vous faites simplement suivre, épargnez le monde.

• Attendez quand vous êtes en colère. Bien qu'il faille toujours répondre aux e-mails dans les vingt-quatre heures, il y a un cas où vous devez attendre au moins une journée : quand vous êtes en colère, offensé ou d'humeur batailleuse. Les e-mails que vous écrivez alors tendent à exacerber les problèmes, donc retardez votre réponse. Mieux, passez un coup de fil si un sujet est délicat, car l'e-mail véhicule mal le ton et les émotions.

FAQ

Q. Puisque les partenariats sont censés être des situations à parts égales où tout le monde gagne, l'autre partie ne devrait-elle jouer son rôle en organisant les réunions, en faisant avancer le processus et en veillant à ce que ses employés coopèrent, etc. ?

R. « Devrait » et « devra » sont deux choses différentes. Vous avez raison de penser que l'autre partie doit en faire la moitié, mais ce ne sera probablement pas le cas. Si vous voulez qu'un partenariat, qu'une vente ou, d'une manière générale, qu'une transaction marchent, il faut que vous poussiez à la roue. L'autre partie peut vous devoir un coup de fil ou une réponse, mais n'attendez pas que cela arrive. Rappelez. Il est probable que vous ferez 80 % des efforts, donc oubliez votre *ego*.

Q. J'ai remarqué que les dirigeants bien établis dans leur domaine n'aiment pas les nouveaux. Ils donnent le sentiment d'avoir « mérité » l'idée et qu'ils en ont la propriété parce qu'ils sont déjà dans la place. Comment gérez-vous cette attitude chez des partenaires potentiels ?

R. Trouvez d'autres partenaires.

Q. Comment puis-je éviter d'être malmené par mes partenaires s'ils sont plus grands, plus établis et mieux financés que moi ?

R. Ne croyez pas, ou du moins ne vous comportez pas comme si vous le croyiez, que cela leur donne des droits. Pour autant que vous sachiez, l'éléphant a besoin de votre produit ou de votre service. Pensez que tout le monde doit y gagner. Si vous trouvez en face de vous un partenaire potentiel considérant qu'il y aura un gagnant et un perdant et que vous ne pouvez rien y faire, ne signez pas le contrat.

Q. Nous sommes dans certains partenariats qui ne mènent nulle part. Devons-nous investir du temps et de l'argent pour qu'ils marchent ou simplement les ignorer ?

R. Il y a un vieux dicton médical qui dit quelque chose comme ceci, « Rien ne requiert tant d'efforts que d'éviter qu'un cadavre n'empeste et pourtant rien n'est plus inutile »[66]. Mettez votre énergie dans les partenariats qui marchent et de nouveaux partenariats plus prometteurs. Mais avant de vous engager dans de nouveaux partenariats, trouvez pourquoi les partenariats antérieurs n'ont pas réussi.

LECTURES RECOMMANDEES

REZAC (Darcy), *The Frog and the Prince* : Secrets of Positive Networking. Vancouver, Frog and Prince Networking Corporation, 2003.

ROANE (Susan), *The Secrets of Savy Networking*, New York: Warner Books, 1993.

66. F. DRUCKER (Peter), *Innovation and Entrepreneurship: Practice and Principles* (New York: Harper and Row, 1985), 152.

Chapitre IX
L'art de créer une image de marque

> Les meilleures marques ne démarrent pas par l'intention de créer un marque supérieure. Elles se concentrent sur la construction d'un produit ou d'un service remarquable et rentable et sur l'organisation qui peut le soutenir.
>
> Scott BEDBURY

L'ESSENTIEL

Il y a deux façons de voir à quoi tient l'image de marque. Pour les uns, elle résulte d'une pratique vaudoue, incompréhensible, propre aux spécialistes du marketing. Pour les autres, et je suis de ceux-là, elle résulte de l'application de la règle classique des quatre « P » du marketing : Produit, Positionnement, Prix et Promotion.

Il y a des gens qui ont ajouté un « P » supplémentaire à cette liste : Prière. Ce n'est pas trop mal – mais au mot « Prière », je préfère celui de Prosélytisme, qui consiste à convertir les autres à votre croyance, votre doctrine ou votre cause.

Le prosélytisme, ou l'évangélisme est au coeur de la création de l'image de marque pour des *start-up* dans l'environnement très concurrentiel d'aujourd'hui, dans un monde où l'information est gratuite, généralisée et instantanée. La construction d'une image nécessite de « contaminer » les gens par l'enthousiasme, de faire en sorte qu'il leur soit facile d'essayer, de leur demander de répandre la bonne parole et de créer une communauté d'utilisateurs.

Bien que j'adore le marketing, les grandes marques sont le résultat d'un produit ou service supérieur, et c'est avec cela que nous allons aussi commencer.

CONTAMINEZ TOUT LE MONDE

J'appelle cela « la touche magique de Guy ». Je n'ai pas la prétention de dire que tout ce que je touche se transforme en or. C'est simplement et plus humblement que « là où il y a de l'or, il y a Guy ».

Voici le secret de la création d'une image : s'aligner sur un produit ou un service qui est de l'or – ou l'améliorer jusqu'à ce qu'il devienne de l'or. Alors créer une image est facile, voire inévitable. Quelle était la difficulté de faire l'image du Macintosh en 1984 quand la concurrence était moche et ennuyeuse ?

Si vous avez de l'or, vous pouvez faire beaucoup d'erreurs et réussir. Si ce n'est pas le cas, alors vous devez tout faire presque parfaitement. Donc simplifiez-vous la vie et créez, ou trouvez, des produits et des services qui se prêtent intrinsèquement à la création de l'effet de contagion. Voici les éléments clés qui déclenchent la contagion ; c'est :

- **Cool.** Si c'est *cool*, c'est beau. Si c'est *cool*, c'est tendance. Ce qui est *cool* se reconnaît tout de suite. Et ce qui est cool est contagieux. Peu de sociétés inventent volontairement des produits et des services qui ne sont pas cool, mais nous ne cessons de voir des centaines d'essais consternants. Pourquoi a-t-il fallu Apple pour qu'on ait un lecteur MP3 aussi *cool* que le iPod ?
- **Efficace.** Vous ne pouvez pas faire l'image d'un produit sans intérêt. Vous ne pouvez pas faire l'image de quelque chose qui ne marche pas. Personne n'aurait jamais entendu parler de TiVo s'il n'était pas capable d'enregistrer les émissions de télévision de votre choix.
- **Différent.** Un produit « contagieux » se remarque facilement et fait sa publicité tout seul. Il ne fait aucun doute qu'il est différent du reste. Est-ce que quelqu'un confond un Hummer avec d'autres véhicules ?

• Les produits contagieux bouleversent les règles établies (« Ciel ! c'est mieux; nous avons un problème ») ou ils suscitent la dénégation (« Pourquoi les utilisateurs voudraient-il une interface graphique ? »). Mais ils ne laissent personne indifférent.

• **Emotionnel.** Un produit ou un service contagieux dépassent les attentes, et ce faisant, met de bonne humeur. C'est ce qui se passe pour moi avec mon aspirateur Miele – je suis émerveillé qu'il aspire si bien tout en étant si silencieux[67].

• **Profond.** Un produit ou un service contagieux « a du potentiel ». Plus vous l'utilisez, plus vous découvrez ses possibilités. Pour en revenir à TiVo, si vous voulez passer les publicités, entrez cette suite d'instructions : Sélectionner, Jouer, Sélectionner, 30, Sélectionner. Puis en appuyant sur la touche « fin de programme », vous pouvez avancer par intervalles de trente secondes.

• **Attirant.** Quand vous achetez un produit ou un service contagieux, vous avez le sentiment de vous faire plaisir. Ce peut être parce qu'il coûte plus cher que des équivalents, qu'il est plus cool ou qu'il fait plus que ce dont vous avez vraiment besoin. Bref, il vous permet d'échapper au banal. Le slogan de Miele, par exemple, est « Toujours mieux ».

• **Bien suivi.** Un service après-vente exemplaire rend un produit contagieux. Un jour, j'ai cassé l'appareil qui traite mes problèmes d'oreille. Le fabricant, Medtronic Xomed, m'en a prêté un le lendemain. Il a aussi réparé et renvoyé mon appareil le jour même où il l'a reçu – et cela gratuitement. Et pourtant, ce jour-là était un jour férié. Enfin, pour montrer son sens de la responsabilité et de la personnalisation de ses services, Medtronic a indiqué sur le paquet le nom, l'adresse e-mail et la photo du technicien qui a fait la réparation. Pensez-vous que je recommande ce produit à ceux qui ont des problèmes d'oreille comme les miens ?

67. Contrairement aux gens: ceux qui sont les plus nuls sont les plus bruyants.

> **Exercice**
>
> La prochaine fois que vous avez le support technique d'une société, demandez à la personne son nom, son adresse e-mail et une photo.

LEVEZ LES OBSTACLES A L'ADOPTION

Pour avoir de la portée, une innovation doit être simple et ciblée. Elle ne doit faire qu'une seule chose, sinon on s'interroge. Si ce n'est pas simple, ça ne marchera pas.

Peter DRUCKER

Supprimer les obstacles à l'adoption est un thème récurrent de ce livre. Cela s'applique au fait de faire des miracles comme à la création d'image. Plus votre produit ou votre service est répandu, plus vous avez de chances de construire une grande marque.

Une société pharmaceutique chinoise, Kunming, illustre ce qu'il ne faut pas faire. Cette société avait décidé de fabriquer des flacons d'aspirine sans danger pour les enfants et en avait donc créé un qui avait treize composants et s'ouvrait en trente-neuf étapes. Pour encore plus de sûreté, la société en changeait le *design* tous les six mois. Au final, les clients ne pouvaient pas ouvrir le flacon. L'ironie de la chose, c'est que les adultes achetaient les cachets et donnaient les flacons aux enfants comme puzzles[68].

L'obstacle le plus communément mis par les *start-up* à l'adoption de leur produit, et cela de façon involontaire, est la complexité. Certes, si 1 % de Chinois achetaient votre aspirine pour le flacon, vous auriez beaucoup de ventes. Mais, s'il faut beaucoup de temps pour simplement l'ouvrir, vous rendez plus difficile la création de votre image de marque.

68. SCHREIBER (Brad), *Weird Wonders and Bizarre Blunders: The Official Book of Ridiculous Records* (Deephaven, MN: Meadowbrook Press, 1989), 17.

Peu de sociétés font délibérement un produit ou un service complexe et difficile d'utilisation, mais on ne peut que se demander pourquoi tant de produits ont un mode d'emploi aussi incompréhensible. Tout ce qui vient des fabricants japonais en électronique grand public, par exemple, illustre ce point. (Et, pour empirer les choses, ils ont un manuel mal traduit avec des caractères gris et tout petits.) Voici des manières de réduire la complexité :

- **Simplifiez l'apprentissage.** Dès qu'il sort le produit de sa boîte, le client doit être capable d'utiliser ses fonctions de base sans mode d'emploi. Imaginez que, lorsque vous achetez une voiture, vous soyez obligé de lire le manuel d'utilisation pour la mettre en marche, changer de chaîne de radio et augmenter le volume. Donnez à vos concepteurs la mission suivante : les clients doivent se sentir immédiatement satisfaits sans ouvrir le manuel.

- **Ecrivez un bon mode d'emploi et faites un index détaillé.** En règle générale, une personne sous-payée dans le fin fond d'une entreprise écrit le mode d'emploi du produit ou du service à la dernière minute. Le manuel n'est pas testé. Les caractères sont minuscules et les illustrations ne correspondent pas au produit final.

Votre mode d'emploi est l'occasion de faire du marketing. C'est une ouverture sur l'âme de votre produit ou de votre service ! Il y aura d'autant plus de gens à les aimer que votre manuel sera meilleur. Et, en retour, il favorise le bouche-à-oreille.

Avez-vous jamais essayé de savoir quelle doit être la pression des pneus de votre voiture sans trouver « le tableau de la pression des pneumatiques » dans l'index ?

Pensez à toutes les choses possibles qu'un client aura envie de faire avec votre produit et assurez-vous qu'il y a l'entrée correspondante. Si vous voulez un exemple d'index excellent, regardez celui du *Chicago Manual of Style.* Il y a environ quarante pages sur l'utilisation des tirets ! Prenez cet étalon pour votre entreprise.

• **Ajoutez des images et des schémas.** Il est possible qu'ils accroissent le coût de vos manuels, mais cela en vaut la peine. Tous les utilisateurs ne sont pas axés sur le texte. Une image vaut un millier de mots.

Exercice

Lancez un concours parmi vos clients pour le meilleur manuel d'utilisation de votre produit ou votre service. Vous aurez une poignée de bons manuels et vous découvrirez quelques « évangélistes ».

• **Faites l'essai sur votre mère ou votre père.** Même si les questions d'âge peuvent avoir un relent discriminatoire, paradoxalement, le test ultime est de voir si vos parents sont capables d'utiliser votre nouveau produit ou service. S'ils ne sont plus en vie, faites l'essai sur quelqu'un de plus de quarante-cinq ans.

Ne prenez pas des adolescents – ils se débrouillent toujours, donc leur *feedback* n'est pas utile. Si vous voulez que votre image se construise gratuitement, par le bouche-à-oreille, consacrez votre temps et votre énergie à rendre l'usage facile pour le simple mortel.

En plus de la complexité, un prix élevé est aussi un obstacle à la construction d'une image. Pour éviter ceci, lorsque Toyota a introduit sa ligne de voitures haut de gamme, la Lexus, la société a fixé un prix nettement inférieur à celui de la concurrence allemande. Comme les voitures étaient moins coûteuses, il y a eu plus d'utilisateurs. Comme il y avait plus d'utilisateurs, il était facile de trouver des gens qui en parlent et de savoir à quel point elles étaient bien.

Je déteste la concurrence par le prix et l'idée de laisser de l'argent sur la table. Cela dit, essayer de presser votre client comme un citron n'est généralement pas la bonne philosophie non plus. Un prix raisonnable qui favorise la création d'une image de marque peut rapporter davantage à l'avenir.

Exercice

De quelle société préfèreriez-vous être propriétaire : Toyota ou Rolls Royce ?

Le dernier obstacle fréquent à l'adoption est le coût de conversion à votre nouveau produit ou service (mesurable en argent, temps ou efforts) à partir d'un produit ou service existant. Votre offre est peut-être bon marché et facile à utiliser, mais il peut être pénible de changer, et, là, vous rencontrez un autre obstacle à la construction de votre image.

Image de marque ou non, il faut rendre la conversion la plus facile possible. Peu de sociétés rendent leur produit délibérément difficile, mais peu d'entre elles se rendent compte que baisser les coûts de conversion est du bon marketing.

Pour finir, vous pourriez être tenté de penser qu'il faut rendre difficile le *passage de votre produit à un autre*. C'est une manière de rendre votre client captif. Pourtant, les obstacles à la sortie sont aussi des obstacles à l'entrée. Si vous rendez difficile le passage de votre produit à un autre, vous pouvez aussi dissuader les gens d'essayer votre produit d'entrée de jeu.

RECRUTEZ DES « EVANGELISTES »

Les « évangélistes » croient à votre produit ou à votre service autant que vous, et ils veulent mener la bataille pour vous et avec vous. Ils peuvent vous aider à atteindre une masse critique par leur prosélytisme soutenu, continu et peu coûteux. Si vous agissez dans la sphère politique, les oeuvres caritatives, les écoles et les églises, l'« évangélisme » est un outil puissant pour accéder au succès.

En matière d' évangélisme, il n'est pas vrai que « si vous ne demandez rien, vous n'aurez rien ». Quand votre produit, votre service, ou votre idée se propage, vous « avez » souvent sans rien demander. Mais si vous demandez, vous avez beaucoup plus et beaucoup plus rapidement. Cependant, nombreuses sont les sociétés qui hésitent à demander, pour les raisons suivantes :

• « Si nous demandons de l'aide, les gens vont penser que nous sommes faibles. Une société forte comme Microsoft ne demande jamais l'aide de ses clients ».

• « Les gens à qui nous demandons quelque chose vont attendre quelque chose en retour : remise, traitement de faveur, etc. Alors que ferons-nous ? »

• « Nos clients, même si nous les aimons, ne peuvent nous aider. Nous savons quoi faire et nous pouvons le faire tout seul ».

• « Il coûtera trop cher de maintenir des programmes spéciaux de support technique. Cela va nous déconcentrer ».

Ces raisons sont du pipeau. Quand les clients veulent vous aider, vous devez vous en réjouir, non réfréner leur élan. Donc mettez votre paranoïa en sourdine et permettez aux clients de vous aider. Ils se transformeront en « évangélistes » répandant la bonne nouvelle.

Vous trouverez ci-dessous les principes fondamentaux pour recruter des « évangélistes ». Vous remarquerez les similitudes avec les idées exprimées au chapitre 6, « L'art de recruter » – et ce n'est pas par hasard. En un sens, vous êtes en train de recruter des « employés » – simplement ce sont des gens que vous n'avez pas à payer.

• **Demandez !** Allez vers vos premiers et vos meilleurs clients, et demandez-leur un coup de main. Dites-leur ceci : vous voulez atteindre une masse critique et vous avez besoin d'eux. Ce n'est pas un signe de faiblesse, mais d'ouverture et de dynamisme. Vous serez surpris de voir le nombre de gens désireux d'aider et qui attendaient qu'on le leur demande.

• **Ignorez la formation académique et l'expérience professionnelle.** En théorie (c'est très théorique), le meilleur « évangéliste » d'un produit logiciel pourrait avoir un doctorat en informatique. Ne pensez pas comme ça. Les antécédents veulent dire peu de choses quand il s'agit d'évangélisme. Les « évangélistes » les plus remarquables du Macintosh n'avaient jamais utilisé d'ordinateur avant d'en acheter un.

• **Pensez à l'important : y croient-ils et veulent-ils aider ?** Regardez mon cas : je n'avais jamais suivi de cours d'informatique de ma vie et, à l'époque, mon job était de vendre des diamants. Etais-je le candidat idéal pour évangéliser un nouveau système d'exploitation ? Après coup, je me rends compte que ce qui importait était que j'adorais le Macintosh et que je voulais qu'il change le monde.

• **Laissez les « évangélistes » fleurir par dizaines.** Il y a un autre thème récurrent dans ce livre : ne soyez pas tatillon sur la façon dont ils vous aident. Présentez-leur votre produit ou votre service et laissez-les travailler pour vous selon leurs méthodes à eux.

Ils vous montreront des manières de promouvoir votre produit et vos services auxquelles vous n'auriez jamais pensé.

• **Affectez des tâches et attendez qu'elles soient menées à bien[69].** Vous êtes-vous jamais porté volontaire pour aider une association sans qu'on vous demande de passer à l'action ? S'il n'y a rien de pire que de faire ce qu'on ne veut pas faire, c'est qu'on ne vous demande pas de faire ce que vous voulez faire. Si vous en êtes là avec des « évangélistes », c'est qu'ils ont endossé votre cause. Maintenant, vous avez l'obligation de leur demander quelque chose.

• **Continuez la « confrérie[70] ».** Le modèle du prosélytisme efficace est la relation entre un bon parent et un enfant. Comme vous le diront tous les parents, vos enfants seront toujours vos enfants. Ils ne quittent jamais véritablement le nid et ce n'est certainement pas vous qui les poussez dehors. Les « évangélistes » sont semblables – ils ont besoin qu'on ne cesse de les aimer.

• **Donnez-leur des outils de promotion.** Rendez la vie facile à ceux qui croient en vous en leur fournissant de l'information en quantité et des supports promotionnels. Par exemple, Bose incorpore dix cartes dans la boîte de son casque à réducteur de bruit. La carte explique comment trouver des renseignements, comment acheter le casque ou avoir davantage de cartes en utilisant un numéro d'appel gratuit !

• **Répondez à leurs attentes.** Vous devez réviser votre produit ou votre service selon les désirs de vos « évangélistes » pour deux raisons : premièrement, ils seront parmi les mieux placés pour savoir ce qu'il en coûte de le rendre meilleur. Deuxièmement, et c'est aussi important, en montrant que vous les écoutez, vous renforcez leur loyauté et alimentez leur zèle.

69. SCHREIBER (Brad), *Weird Wonders and Bizarre Blunders: The Official Book of Ridiculous Records* (Deephaven, MN: Meadowbrook Press, 1989), 17.

70. Ibid., 47.

• **Donnez-leur des gadgets.** Le pouvoir d'un *tee-shirt* gratuit, d'une tasse à café, d'un stylo ou d'un bloc-note est stupéfiant. (A un moment donné, Apple dépensait deux millions de dollars par an en *tee-shirts*.) Les « évangélistes » adorent ce genre de babioles. Cela leur donne le sentiment de faire partie de l'équipe et d'être spéciaux. C'est de l'argent bien dépensé. Mais ne donnez jamais d'objet de plus de vingt-cinq dollars. Un stylo Mont-Blanc, par exemple, n'est pas du tout dans la ligne de ce qu'il faut faire et donnera l'impression que vous jetez l'argent par les fenêtres.

Supposons que vous recrutiez avec succès des « évangélistes » parmi vos clients. Que devez-vous leur demander de faire ? C'est le sujet de la section suivante.

FORMEZ UNE COMMUNAUTE

A la fin des années 1990, un groupe de gens d'affaires et de chefs de communautés lança une association appelée les « Ambassadeurs des Calgary Flames ». C'étaient des fans des Flames qui paniquaient à l'idée que leur équipe en ligue nationale puisse s'installer dans une autre ville. Selon le président du groupe, Lyle Edwards, « les ambassadeurs quadrillèrent Calgary, forçant la main aux gens pour qu'ils achètent des billets ».

Autour de 2004, le groupe avait cinquante membres et ils n'ont désormais plus besoin de promouvoir la vente des billets. Pour faire partie des Ambassadeurs, vous devez acheter un abonnement pour la saison et payer cent dollars canadiens à l'organisation. Vous lisez bien : ces évangélistes paient pour le privilège d'être les prosélytes des Flames. Ils accueillent les fans au stade, font de la promotion dans les communautés et organisent des événements.

Le but de recruter des « évangélistes » est de construire une communauté autour de votre produit ou de votre service. Parmi les exemples de sociétés qui bénéficient de communautés très publiques, il y a Apple, Harley Davidson, Motley Fool et Saturn. Ces communautés fournissent un service clientèle, du support technique, et un réseau social qui améliorent l'usage du produit – et font le forcing pour que plus de gens l'achètent.

Étonnamment, la plupart des sociétés ont la réaction suivante après coup, et déclarent : « Jamais entendu parler… vous voulez dire qu'il y a des groupes de clients qui se réunissent pour notre produit ? »

C'est assez nul, voir carrément stupide. Quand on sait le bénéfice que les firmes peuvent retirer de l'existence de ces communautés spontanées, faites preuve d'initiative :

• Identifiez et recrutez les fans de votre produit ou de votre service. Ce sont les clients qui ont le plus d'enthousiasme pour ce que vous faites et ont envie d'exercer des fonctions de leader.

• Embauchez un employé pour entretenir une communauté. C'est votre champion ; il évangélise les « évangélistes » et se bat pour avoir des ressources en interne. Quand vous aurez atteint un certain niveau de réussite, construisez un département autour de cette personne pour institutionnaliser le support de la communauté.

• Créez un budget pour le support de la communauté. Vous n'avez pas besoin de beaucoup et le but n'est pas d'« acheter » une communauté. Il vous faut cependant un budget pour que la communauté se réunisse, imprime et diffuse ses bulletins, et maintienne sa présence en ligne.

• Intégrez l'existence de cette communauté dans vos efforts commerciaux et marketing ainsi que sur Internet. Par exemple, votre site Web doit fournir des informations sur la communauté et les moyens de la rejoindre.

• Hébergez les activités de la communauté. C'est-à-dire, permettez aux membres d'utiliser vos bureaux pour leurs réunions et votre infrastructure électronique pour les forums de discussion et la publication de leurs bulletins d'information.

• Faites une conférence. Personne n'aime plus que moi la communication électronique, mais les réunions *live* sont importantes pour les communautés. Leurs membres peuvent s'y rencontrer et interagir avec vos employés.

Construire une communauté de clients et d'« évangélistes » reste la méthode la plus économique pour créer et entretenir une image, donc ne faites pas l'idiotie d'attendre qu'une communauté se forme d'elle-même.

DONNEZ UN SENTIMENT D'HUMANITE

Considérez plusieurs grandes marques : Apple, Coca-Cola, Levi Strauss, Nike et Saturn. Elles sont toutes parvenues à donner un sentiment d'humanité : c'est l'aspect *funky* d'Apple; la gaieté de Coca-Cola ; la jeunesse de Levi Strauss ; la détermination courageuse de Nike et l'ambiance copain-copain de Saturn.

Certes, il y a de grandes marques qui ne manifestent pas ces qualités : Microsoft, Oracle et IBM, pour n'en citer que quelques-unes. Dites que je suis romantique, mais n'est-il pas mieux et plus amusant d'avoir une marque chaleureuse ? Si vous êtes d'accord avec moi, voici comment y arriver :

• **Ciblez les jeunes.** Peu importe qui achète en réalité votre produit ou votre service, cibler les jeunes vous incite à créer une image chaleureuse. Je n'ai pas de statistiques pour étayer mon point de vue, mais il semble que des quantités de gens plus âgés achètent des produits qui s'adressent aux jeunes. Par exemple, regardez le nombre de chauves qui conduisent des Toyota Scion, des PT Cruiser et des Minis Cooper.

• **Faites de l'humour sur vous-même.** Les sociétés en sont, pour la plupart, incapables. Elles voient cela comme quelque chose de suicidaire : « Les gens ne vont pas nous prendre au sérieux si nous-mêmes ne le faisons pas. » Ou elles sont si engoncées dans leur image qu'elles ont peur de donner l'impression d'en perdre le contrôle. Comme on dit, pourtant, « l'erreur est humaine. » Donc n'ayez pas peur de faire une erreur et d'en rire.

• **Parlez de vos clients.** Les firmes qui parlent de leurs clients dans leur documentation commerciale donnent une impression d'humanité. Par exemple, Saturn montre les propriétaires de ses voitures dans ses brochures. Le site Web de Saturn a même une section qui s'appelle « Mon histoire » où les clients discutent de leur expérience d'utilisateur.

• **Aidez les démunis et les déshérités.** Une organisation qui les aide véhicule un sentiment d'humanité. Hallmark Cards, par exemple, donne de l'argent et des bénévoles à un grand nombre de programmes communautaires. Il y a une section facile à trouver sur leur site Web sur la façon de demander des ressources. Cette approche est fructueuse à deux titres : non seulement vous vous acquittez d'une obligation morale vis-à-vis de la communauté, mais aussi vous accroissez l'impact de votre image.

Exercice

Allez sur les sites Web de vos sociétés préférées et essayez de trouver de l'information sur la manière de faire une demande de subvention et de bénévoles auprès de cette société.

METTEZ LE « PAQUET » SUR LE MATRAQUAGE

Pendant des semaines avant l'ouverture du magasin Ikea à East Palo Alto en Californie, les habitants de la région ont lu des articles les uns après les autres sur l'inauguration du magasin. Par exemple, le 14 août 2003, le *San Jose Mercury* commençait de cette façon :

CAR-GO A LA RESCOUSSE DES CLIENTS D'IKEA

LA VILLE SE PREPARE AUX EMBOUTEILLAGES POUR LE JOUR D'OUVERTURE

Comment faire circuler 16.000 acheteurs dans 8.000 voitures sur six kilomètres carrés le jour où le magasin le plus grand et le plus bleu qui va orner l'horizon de East Palo Alto ouvrira au public ?[71]

Si vous preniez n'importe quel journal local, écoutiez la radio ou regardiez la télévision, vous ne pouviez pas ne pas savoir qu'Ikea allait ouvrir un nouveau magasin à East Palo Alto et que ce serait un événement énorme.

Des marques comme Ikea ne sont pas construites grâce à la publicité qui maintient et développe une image mais c'est par le matraquage que ces marques se sont établies. Voici les idées-clé pour faire du battage et avoir une couverture de presse :

• **Créez de la rumeur et faites couler de l'encre.** La plupart des sociétés croient que la couverture de presse génère la rumeur et que les lecteurs se bousculent pour devenir clients. C'est faux. Voici comment ça marche : premièrement, vous créez quelque chose de grand. Ensuite vous éliminez les obstacles à l'adoption et vous mettez votre produit dans les mains des gens. C'est eux qui, en retour, créeront la rumeur. Et ensuite la presse écrira.

71. WALKER (Thaai), *Car-Go Help for Ikea Shoppers,* San Jose Mercury News, 14 August 2003.

• **Faites-vous des amis avant d'avoir besoin d'amis.** Quand je travaillais chez Apple, la presse voulait toujours interviewer les dirigeants d'Apple parce que c'était une société en vogue. En des temps plutôt grisants et flatteurs, la tentation est de se focaliser sur les publications importantes : *New York Times, Wall Street Journal, Forbes, etc.*

Ma sphère d'action était d'aider des journalistes dans des revues dont vous n'aviez sans doute jamais entendu parler. Des années plus tard, ils sont dans des journaux importants, et ils se souviennent que je les ai aidés. Moralité : Faites-vous des amis avant d'avoir besoin d'amis – et même, avant qu'ils puissent vous aider.

• **Utilisez une carabine, non un fusil.** Mes amis de la presse me disent que les entreprises « canardent » les salles de rédaction pour des nouveaux produits « miracle ». Cette approche marche rarement car vos documents sont sans intérêt pour presque tous les destinataires.

Procédez plutôt comme suit. Premièrement, déterminez si votre histoire est appropriée au support. Aussi fascinant que vous trouviez votre cas, il pourrait ne pas le concerner. Mitch Betts, qui s'occupe des nouvelles dans *ComputerWorld*, donne ces recommandations avant que vous contactiez sa publication : « Si cela intéresse les directeurs informatiques de General Motors, Wal-mart, Amazon, cela nous intéressera[72]». C'est dire le degré de pertinence que vous devez avoir.

Deuxièmement, déterminez quel journaliste couvre votre domaine – par exemple, parler à celui qui tient la rubrique artistique d'un nouveau logiciel pour entreprise ne va rien donner.

72. http://www.marketingsherpa.com/sample.cfm?contentID=2420

Troisièmement, ne briefez ce jounaliste que si votre histoire résiste à un test important : « Est-elle bonne ou utile pour les lecteurs ? » Le test n'est pas : « Est-elle bonne pour notre société ? Croyez-le ou non, les publications existent pour leurs lecteurs, non pour être les porte-parole de votre marketing.

• **Soyez un ami par mauvais temps.** Bien des organisations flattent les journalistes quand tout va très bien et qu'elles veulent qu'on parle d'elles. Mais quand les choses tournent mal ou qu'elle sont trop occupées, elles leur tournent le dos, ne répondant ni aux coups de téléphone ni aux e-mails. Quel que soit le temps, vous devez maintenir de bonnes relations avec la presse.

• **Dites la vérité.** Quand ça va mal, on est tenté de mentir à la presse pour se tirer d'affaire. Ne faites pas cela. Si vous établissez une réputation d'honnêteté quand les temps sont mauvais, la presse vous croira quand ils seront bons.

• **Soyez une source d'information.** Parfois votre histoire ne mérite pas de couverture. Ou bien, il n'y a pas la place pour mentionner votre entreprise dans un article. Ce n'est pas grave. Dans ces cas, soyez simplement une source et aidez le journaliste à écrire un bon papier. Votre tour viendra.

DITES CE QUE VOUS FAITES

La Hidden Villa est une ferme de 800 hectares et une zone préservée à Los Altos en Californie. La famille de Joséphine et Frank Duveneck a donné le domaine aux habitants de la Californie du Nord pour leur faire prendre conscience des questions d'environnement et de diversité culturelle. Ses programmes comportent des camps d'été, des cours sur l'environnement, de l'assistance à la communauté, des foyers d'accueil et de la culture biologique.

Bref, la Hidden Villa « fait ce qu'elle dit » – apporte énormément à la communauté et tient ses promesses. (A la grande différence de bien des organismes, qui parlent bien mais ne montrent pas de résultats.) Cependant, l'établissement a remarqué que ses employés et ses cadres n'avaient pas les outils pour promouvoir ce qu'il faisait de façon concise et attrayante.

Pour résoudre le problème, l'organisation a créé un programme de création de slogans en une ligne expliquant ce qu'est la Hidden Villa. Ensuite, lors d'une retraite, ses membres, employés et cadres, ont fait un jeu de rôle utilisant ces slogans. Aujourd'hui, ils sont tous capables de « dire ce qu'ils font », qu'ils participent à un événement à la Hidden Villa ou rencontrent un ami au supermarché.

Le point de départ de l'image de marque est à l'intérieur de l'entreprise, donc assurez-vous que chaque employé soit capable de « dire ce que vous faites » et s'en fasse le prosélyte.

Mini-Chapitre
L'art de parler

Comment se fait-il que ceux qui ont quelque chose à dire
ne peuvent pas le dire alors que ceux
qui n'ont rien à dire ne cessent de le dire ?

Anonyme

« Faire un *pitch* » est généralement faire une présentation à des investisseurs potentiels, à des clients et des partenaires dans le cadre d'une petite réunion informelle dans les bureaux du prospect. A côté de ces *pitchs*, vous aurez l'occasion de faire des discours et de participer à des tables rondes au cours de conférences, de séminaires et d'événements professionnels. Ce sont des moyens de sensibilisation à votre entreprise.

Le but de ces prestations n'est pas de lever des fonds (bien qu'un bon discours puisse susciter un désir d'investir) mais de faire connaître votre entreprise et de construire son image. J'ai vu des dizaines de dirigeants faire des discours et participer à des tables rondes, et sauf rares exceptions, ils sont mauvais. Et ceci pour les raisons suivantes :

• Les dirigeants sont souvent entourés de courtisans ignorants, incompétents qui n'ont pas le courage de dire à l'empereur qu'il est tout nu.

• Les dirigeants sont des égotistes. Ils ont une très haute image d'eux-mêmes et, en conséquence, ils ne peuvent pas croire qu'ils ne sont pas des tribuns nés.

• Les dirigeants sont des gens occupés qui ont peu de temps pour répéter, ou plus exactement, qui *allouent* peu de temps à cet exercice. Lorsque l'illusion d'être bon s'allie au manque de temps, le résultat est mortel .

Parlons d'abord des principes permettant de faire un discours efficace. L'occasion est une arme puissante, car vous avez un podium pour vous tout seul. Vous pouvez, dans une très large mesure, contrôler le temps qui vous est imparti.

• **Dites quelque chose d'intéressant.** C'est un point évident, mais largement ignoré. Si vous n'avez pas quelque chose d'intéressant à dire à dire, ne parlez pas. Si vous ne parlez pas, les gens ne sauront pas que vous êtes nul. Si vous parlez, ils n'auront plus de doute. La première hypothèse est préférable à la seconde.

• **Soyez trop habillé.** Cela vaut mieux que l'inverse. Pour l'auditoire, une apparence décontractée délivre le message suivant : « Vous n'êtes pas suffisamment importants pour que je m'habille ». Si vous êtes trop habillé, vous aurez, au pire, l'air trop professionnel.

• **Pas de propagande commerciale.** Les gens viennent écouter un discours parce qu'ils veulent de l'information, non un numéro commercial éhonté. Que ce soit logique ou non, les gens pensent que les bons orateurs ont des bons produits ou services. Si votre discours est riche et intéressant, ils peuvent acheter. Si vous leur faites un numéro commercial, ils ne le feront pas.

• **Racontez des histoires.** Pour certains, un discours intéressant est plus difficile que d'*upgrader* Microsoft Windows. Les très bons orateurs ne se contentent pas de faire des déclarations, ils racontent des histoires. Exprimez un point, et racontez une histoire qui l'illustre, puis un autre point et racontez une autre histoire.

• **Circulez dans la foule avant de parler.** Je suis l'intervenant principal cinquante fois par an et je trouve extraordinairement encourageant de voir dans l'auditoire des gens que j'ai déjà rencontrés. Quelques visages amis me donnent le courage d'avoir plus d'audace. Le but est de recruter quelques amis qui seront les premiers à rire de vos plaisanteries, à montrer qu'ils sont d'accord avec vos idées en hochant de la tête, et à applaudir à votre représentation.

• **Parlez des gamins.** S'il y a un moyen de se faire aimer par l'auditoire à coup sûr, c'est de parler de ses enfants. Si vous n'en avez pas, évoquez ceux de votre famille ou de votre enfance. Je n'ai jamais vu d'auditoire qui n'apprécie pas une bonne histoire de gosse.

• **Moquez-vous de vous.** C'est une autre bonne façon de se faire aimer d'un auditoire. Si vous êtes nerveux, dites-le. Ce n'est pas un problème. La plupart des gens dans la foule auront de la sympathie pour vous. Si vous ne trouvez pas un moyen de rire de vous, c'est que vous êtes un raseur de première ou pire.

• **Parlez au début de la manifestation.** Si vous avez le choix, parlez le premier jour de la conférence. C'est à ce moment-là que l'énergie de la salle est au plus haut. Il est donc plus facile de faire un bon discours. Le dernier jour, beaucoup de gens sont déjà partis et ceux qui restent sont épuisés. Vous devez alors les sortir de leur torpeur. N'accumulez pas les handicaps : il est assez difficile de faire une bonne prestation.

• **Demandez une petite pièce**. Si vous le pouvez, parlez dans un petit espace avec beaucoup de monde. L'énergie de l'auditoire est fonction du taux d'occupation de la salle, non du nombre de gens dans l'absolu. Par exemple, 250 personnes dans un espace qui peut contenir 250 personnes, c'est mieux que 500 personnes dans une enceinte qui peut en contenir 1.000. Si vous ne pouvez pas avoir une petite salle, demandez une salle de classe plutôt qu'un amphithéâtre.

• **Sachez ce qui s'est passé plus tôt.** Voici une autre raison pour laquelle il est bien de venir en premier : vous n'avez pas à vous demander ce qui s'est passé avant vous. En fait, vous pouvez être « l'événement » avec lequel les autres intervenants devront composer.

Cela dit, si vous n'êtes pas le premier à parler, essayez d'assister aux sessions qui précèdent votre intervention ou demandez au moins à vos hôtes s'il s'est passé quelque chose de notoire, de bien, de mal ou de drôle. Ensuite, faites-y allusion dans votre discours. Cela a deux avantages : d'abord, vous indiquez que vous avez adapté votre discours; deuxièmement, vous montrerez que vous appréciez assez la manifestation pour y avoir été présent depuis un moment.

• **Ne dénigrez pas la concurrence.** C'est un privilège et un honneur de faire un discours. Votre devoir est d'informer et de divertir. Ce n'est pas l'occasion de tirer à boulets rouges sur vos concurrents. Si vous faites cela, c'est votre image qui en pâtira, non celle de la concurrence et vous créerez l'effet opposé à celui que vous escomptiez.

• **Exercez-vous.** En pratique, à la vingt-cinquième fois que vous faites un discours, il commence à être bon. Peu de gens veulent s'exercer ou faire le même exposé vingt-cinq fois. C'est pourquoi il y a si peu de bons orateurs. L'ironie veut que plus vous aurez de pratique, plus vous aurez l'air spontané.

• **Utilisez le format des dix points-clés.** Cette présentation permet à l'auditoire de percevoir une progression. Peu d'experts sont d'accord avec cette approche, mais je vous encourage à essayer. Si vous ne trouvez pas dix choses intéressantes à dire sur un sujet, ne parlez pas.

Maintenant, parlons des interventions dans des tables rondes. Ce sont d'excellentes occasions de construire une image parce qu'elles vous permettent de vous positionner par rapport aux autres – souvent des concurrents. Voici comment être un très bon participant à une table ronde :

• **Maîtrisez la manière dont on vous présente.** Apportez un exemplaire de votre biographie et donnez-la à l'animateur, auquel vous ne devez pas vous en remettre totalement. Et, comme pour les discours, supprimez tout numéro commercial concernant votre entreprise. Si vous voulez la faire briller, comportez-vous en participant compétent en donnant de l'information.

• **Ne vous contentez pas d'informer, divertissez.** Répondre aux questions de l'animateur ou de l'auditoire n'est que la moitié du travail de participant à une table ronde. La tâche la plus importante est de divertir l'auditoire. Vous y parviendrez en exprimant des idées nouvelles intelligentes, en montrant votre humour ou votre sens de la polémique. Demandez-vous toujours : « Suis-je amusant ? »

• **Dites la vérité – surtout quand elle est évidente.** La plupart des gens s'attendent à ce que les participants mentent lorsqu'on leur pose une question pénible, donc si vous ne mentez pas, vous établissez votre crédibilité pour les autres réponses.

• **Prenez le parti d'être clair et simple.** Souvent un animateur posera une question technique, donc vous serez tenté de faire une réponse technique. C'est généralement une erreur. Restez clair et simple : dites-en assez pour montrer que vous savez de quoi vous parlez, mais pas au point de devenir incompréhensible pour 80 % de l'auditoire.

• **N'ayez jamais l'air de vous ennuyer.** Vous pouvez avoir l'air heureux, triste, en colère (à cause de ce qu'on dit, non parce que vous êtes à cette table ronde) ou incrédule, mais n'ayez jamais l'air de vous ennuyer. Quelqu'un dans l'auditoire vous regardera, un photographe vous prendra en photo ou le cadreur placera son appareil sur vous. Malheureusement, il est fort probable que vous vous ennuierez lorsque les autres participants parleront, donc apprenez à faire semblant d'être intéressé.

• **Ne regardez pas le modérateur.** Jouez avec l'auditoire, non avec l'animateur, et l'auditoire veut vous voir de face, non de côté. Un bon animateur ne vous regardera pas à dessein et ne suscitera pas votre regard.

• **Ayez le ton informel de la conversation.** Vous êtes sur scène, mais comportez-vous comme si vous ne l'étiez pas. Faites simplement la conversation avec l'animateur et les autres participants. Ne pontifiez pas et ne faites pas un « discours ». Interagissez avec tout le monde (même l'auditoire) de façon spontanée.

• **Répondez à la question posée, sans vous arrêter là.** Par exemple, si on vous demande, « La détection du piratage de données est-elle une technologie importante ? » ne dites pas simplement « Non ». Dites plutôt « Non, mais permettez-moi de vous dire ce qui est vraiment à la page ». La plupart des participants des tables rondes se tiennent aux extrêmes : ils répondent seulement à la question ou donnent une réponse qui n'a rien à voir avec la question.

• **Ne dites jamais, « Je suis d'accord avec les autres participants ».** Formulez simplement quelque chose de différent ou de nouveau. Si les autres participants ont exprimé tout ce que vous vouliez dire (ce qui est improbable), indiquez gracieusement : « Le tour de la question a été fait. Passons à autre chose par respect pour l'auditoire ». Généralement, il vaut mieux avoir l'air attentionné que stupide.

Mini-mini chapitre : L'art de concevoir des tee-shirts

La personne qui attend qu'il se passe quelque chose
pourrait commencer par se relever les manches.

Garth Henrichs

Faire des *tee-shirts* pour annoncer un produit ou une société est une jolie tradition de la Silicon Valley, mise au point par Apple dès le milieu des années 1980. Nous avions l'habitude d'imprimer et de distribuer des *tee-shirts*, d'annoncer ensuite le produit et, enfin, de commencer le développement.

Quand nous avons lancé Garage en 1997, notre premier produit a été un *tee-shirt* pour enfants qui disait : « Je suis un petit entrepreneur. Mes lettres préférées sont : I, P, et O[73]». Nous en avons vendu des centaines – en pionniers du e-commerce que nous étions.

Pour se faire une image et créer un colifichet dont les gens auront envie, nombreuses sont les sociétés qui impriment des *tee-shirts*. Malheureusement, beaucoup sont vraiment moches et hurlent : « Nous sommes des potaches n'ayant aucun sens du *design* ! » Honnêtement, les *tee-shirts* ne font pas partie de la construction d'une image de marque, mais si vous en faites, faites-les bien.

• **N'utilisez pas des tee-shirts blancs.** Le blanc vire rapidement au gris, car les gens ne trient pas le linge pour la machine à laver comme ils le devraient. Si vous choisissez le blanc, vous réduirez significativement la durée de vie de ce *tee-shirt*, car peu de gens aiment porter des habits qui ont l'air crasseux.

73. I. P, et O, sont les initiales de Initial Public Offering, qui est l'entrée en Bourse. (NDT)

• **Réduisez le texte.** Voyez le *tee-shirt* comme un panneau d'affichage en mouvement. Les gens n'écrivent pas des textes interminables sur un panneau d'affichage. Pour les *tee-shirts*, c'est la même chose. N'utilisez pas plus de six à dix mots. A Garage, nous en avions un qui disait, « *Start-up, kick butt, cash out*[74] ».

• **Utilisez de grands caractères (soixante points).** Le but d'un *tee-shirt* est d'attirer l'attention. Si vous utilisez du douze points, personne ne pourra lire le texte. Si on ne peut pas lire un *tee-shirt* à six mètres, sa conception est mauvaise.

• **Dépensez un peu d'argent pour le design.** Les *tee-shirts* sont une forme d'art. Si vous voulez seulement plaquer du texte, laissez tomber. C'est particulièrement vrai si vous souhaitez que les femmes les portent. Faites des *tee-shirts* audacieux et beaux et foncez. C'est seulement une chemise, après tout.

• **Faites des tailles pour enfant.** Certains adultes ne veulent pas porter de *tee-shirt*. C'est en-dessous de leurs standards vestimentaires (même si ce n'est pas évident quand on les regarde). Cependant, ils se moquent de ce que portent leurs enfants, et c'est ce que les enfants préfèrent, de toute façon.

74. Littéralement : « Démarrez, conquérez, encaissez. » (NDT)

FAQ

Q. Dois-je faire de la publicité ou dépendre exclusivement du prosélytisme, de la rumeur ou du bouche à oreille ?

R. Dans son livre *The Anatomy of Buzz*, Emanuel Rosen explique bien la relation entre la publicité et les techniques marketing de guérilla. Il croit sans équivoque que faire de la publicité est un aspect important de la construction d'une marque. Parce qu'il faut lancer la rumeur, accéder aux réseaux des faiseurs d'opinion, rassurer les clients et donner des faits[75]. Il poursuit en examinant comment la publicité peut à la fois stimuler la rumeur et la tuer. Son livre mérite d'être acheté.

Si vous avez à choisir entre ces techniques, utilisez les techniques de guérilla. Mais si vous en avez les moyens, utilisez les deux.

Q. Ai-je besoin d'une société de relations publiques ? Ou d'un département de relations publiques ?

R. La réponse est la même dans les deux cas. Voici ce qu'ils peuvent faire : vous obliger à créer un message solide ; vous présenter à des journalistes qu'ils connaissent déjà grâce à des opérations antérieures; programmer des réunions, des interviews et s'assurer que vous êtes présentable; fournir du *feed-back* après les interviews et vous aider à améliorer votre style. Voici ce qu'ils ne peuvent pas faire : prendre de mauvais produits ou services et provoquer des quantités d'articles à leur sujet, faire que la société apparaisse toujours sous un beau jour et éviter qu'elle soit présentée sous un angle défavorable.

Voici que qu'ils ne devraient jamais devenir : le bureau de la police intellectuelle par lequel la communication extérieure et l'image de marque doivent passer « pour approbation ».

75. ROSEN (Emanuel), *The Anatomy of Buzz: How to Create Word-of-Mouth Marketing* (New York: Doubleday/Currency, 2000), 206-209.

Q. Dois-je payer les évangélistes pour leur aide ?

R. Non. Ils ne vantent pas votre produit ou votre service pour l'argent. Ils le font pour que le monde soit un monde meilleur. Il se pourrait, en fait, que vous les insultiez en les payant. Les trois meilleures formes de récompense à offrir sont : l'amélioration de votre produit, l'accès à de l'information interne et un hommage public.

Q. Est-il important de construire l'image localement ou faut-il commencer immédiatement au niveau international ?

R. Généralement, commencez par établir votre produit ou service localement avant de vous répandre. Par voie de conséquence, c'est la même chose pour votre image. Il est préférable d'avoir une image établie dans une région limitée plutôt que d'avoir une image à moitié établie un peu partout.

Cela dit, il se peut que votre type de produit ou de service réunisse des clients dispersés dans le monde ayant certains points communs. Cela marche aussi. A mon avis, il faut aller en profondeur avant d'aller en largeur – quoi que « profond » veuille dire.

Q. Que se passe-t-il si nous nous rendons compte que nous avons une image fâcheuse et que nous voulons changer de direction au milieu d'une campagne d'image ?

R. Voici plusieurs idées qui sont peut-être contradictoires pour vous. Premièrement, je ne crois pas aux « campagnes d'image », qui impliquent un projet à court terme. Or, construire une image est une activité constante.

Deuxièmement, qu'est-ce qui vous a fait dire que votre image est mauvaise ? Voulez-vous changer parce que vous êtes fatigué de votre logo, de votre apparence, de votre slogan, de votre mantra... ou de quoi que ce soit ? Parce c'est à peu près au moment où vous en êtes las qu'ils commencent à entrer dans le crâne du public.

Troisièmement, si vous ne gagnez pas d'argent, le problème est probablement plus fondamental, comme un produit ou un service très médiocre.

Quatrièmement, si votre produit est bon et que votre image montre vraiment un positionnement inadéquat, changez-en. Demandez aux acheteurs ce qu'il représente pour eux – c'est généralement un très bon point de départ pour construire une image qui tient la route.

LECTURES RECOMMANDEES

AAKER (David), *Managing Brand Equity: Capitalizing on the Value of a Brand Name.* New York: Free Press. 1991.

BEDBURY (Scott), *A New Brand World: 8 Principles for Achieving Brand Leadership in the 21st Century.* New York: Viking. 2002.

BORDEN (Richard), *Public Speaking–As Listeners Like it !* New York: Harper & Brothers, 1935*.

GLADWELL (Malcolm), *The Tipping Point: How Little Things Can Make a Big Difference.* Boston: Little Brown, 2000.

NIELSEN (Jacob et al), *E-Commerce User Experience.* Fremont, CA: Nielsen Norman Group, 2001.

NORMAN (Donald), *The Design of Everyday Things.* New York: Doubleday Currency, 1988.

RIES (Al and Laura Ries), *The 22 Immutable Laws of Branding: How to Build a Produit ou service Into a World-Class Brand.* New York: HarperBusiness, 2002.

ROSEN (Emanuel), *The Anatomy of Buzz: How to Create Word-of-Mouth Marketing.* New York: Doubleday/Currency, 2000.

Chapitre X
L'art de faire des miracles

> Cessez votre quête pour l'argent facile et commencez à faire quelque chose de votre vie. Créez, au lieu de vivre du fait que votre relation aux autres, c'est acheter et vendre.
>
> Carl FOX (dans le film *Wall Street*)

L'ESSENTIEL

Le faiseur de pluie chez les Indiens d'Amérique est un sorcier qui fait venir la pluie par des rites et des incantations. Pour les *start-up*, un faiseur de pluie est une personne qui génère une grande quantité d'affaires. Comme les sorciers, les entrepreneurs ont créé leurs propres rites et incantations pour « faire de la pluie », c'est-à-dire faire des miracles.

Les *start-up* peinent à faire des miracles pour deux raisons : Premièrement, les entrepreneurs conçoivent leurs produits et leurs services dans un but particulier, mais ils ne savent pas qui va vraiment les acheter et ce pour quoi ils vont être utilisés. Ainsi, la première étape dans « l' art de faire des miracles » est d'avoir une version 1.0 de son produit sur le marché pour trouver où il s'épanouit. Gardez les yeux grand ouverts, car il se peut que vous vous trouviez au beau milieu d'un marché énorme.

Deuxièmement, il est rare que les produits et services des *start-up* soient simplement achetés. Ils doivent plutôt être vendus parce que peu de clients veulent prendre des risques avec le nouveau produit d'une jeune entreprise sous-capitalisée. Ainsi, la seconde étape dans « l'art de faire des miracles » est de surmonter cette résistance.

Avant de commencer, voici une histoire qui illustre comment un entrepreneur découvrit qui achèterait son produit et comment surmonter la résistance de la distribution à le mettre en stock. Un magasin parisien rejeta une fragrance d'Estée Lauder, une marque célèbre de parfums. De colère, Estée Lauder versa le contenu du flacon sur le sol et tant de clients demandèrent de quoi il s'agissait, que le magasin fut obligé de le prendre[76].

LAISSEZ LES FLEURS S'EPANOUIR

Je vole ce concept à Mao Tsé-toung même s'il ne le mit pas en pratique exactement pendant la Révolution culturelle. Dans le contexte des *start-up*, le concept veut dire ceci :

Semez beaucoup de graines. Voyez ce qui prend et fleurit ensuite. Encouragez ces marchés.

Pourtant, quand des fleurs inattendues commencent à s'épanouir, bien des sociétés paniquent. Elles veulent repositionner les produits ou les services pour que les clients s'en servent comme cela était prévu. C'est complètement stupide – prenez l'argent ! Quand des fleurs s'épanouissent, votre tâche est de voir où et comment elles le font, puis d'adapter votre affaire en conséquence.

Trois exemples révélateurs de floraisons sont cités par le doyen des écrits sur l'entreprise, Peter F. Drucker :

• L'inventeur de la Novocaïne avait pensé remplacer l'anesthésie générale pratiquée par les médecins. Cependant les médecins refusèrent de l'utiliser et continuèrent avec leurs méthodes traditionnelles. Les dentistes, en revanche, l'adoptèrent rapidement et c'est ainsi que l'inventeur se fixa sur un marché qu'il n'escomptait pas[77].

76. Anecdote trouvée à http://www.anecdotage.com/index.php?aid=14700

77. F. DRUCKER (Peter), *Innovation and Entrepreneurship: Practice and Principles* (New York: Harper and Row, 1985), 190-191.

• Univac était l'un des premiers leaders de l'ordinateur. Cependant, la société voyait les ordinateurs comme un outil pour les scientifiques et hésita à vendre son produit sur le marché de l'entreprise. IBM, en revanche, ne s'était pas polarisé sur les scientifiques et laissa ses produits s'épanouir comme ordinateurs de bureau[78]. C'est pourquoi IBM est une marque connue partout et que vous ne voyez Univac que dans les livres d'histoire.

• Une société indienne acheta les droits de fabrication d'un vélo européen avec un moteur. Le vélo n'eut pas de succès, mais l'entreprise remarqua un grand nombre de commandes pour le moteur seulement. Après avoir enquêté sur ce comportement étrange, la firme découvrit que le moteur avait remplacé les pompes manuelles servant à irriguer les champs. La société finit par vendre des millions de pompes pour l'irrigation[79].

Voici un tableau utile pour se représenter les fleurs qui s'épanouissent. La plupart des sociétés veulent occuper le coin supérieur. La réalité de l'action est dans le coin inférieur droit, donc soyez flexibles et ouverts aux usages et clients imprévus.

	CLIENT PREVU	CLIENT INVOLONTAIRE
Utilisation prévue	Attendu	Exquis (Exemple : marchands de voitures – et pas seulement des particuliers – vendant des voitures d'occasion sur eBay)
Utilisation imprévue	Exquis (Exemple : les femmes utilisant le produit d'Avon « Skin So Soft » comme insectifuge)	Stupéfiant (Exemple : des novices en informatique créant des bulletins, des magazines et des formulaires avec des Macintoshs)

78. Ibid., 191.
79. Ibid., 192.

REMARQUEZ LE GORILLE

Daniel J. Simons de l'université de l'Illinois et Christropher F. Chabris de l'université de Harvard firent une expérience intéressante qui a des implications sur l'art de faire des miracles. Ils demandèrent aux étudiants de regarder la vidéo de deux équipes de joueurs se lançant des balles de basket. La tâche des étudiants était de compter le nombre de passes entre coéquipiers.

Ils avaient regardé pendant trente-cinq secondes cette vidéo lorsqu'un acteur déguisé en gorille entra dans la pièce où se trouvaient les joueurs et se bomba le torse, restant sur l'écran neuf secondes. Quand on le leur demanda, 50 % des étudiants n'avaient pas remarqué le gorille[80] ! De toute évidence, ils s'attachaient à la tâche qui leur avait été assignée, compter les passes, restant aveugles à tout événement extérieur.

On a le même phénomène dans les sociétés : tout le monde se concentre sur les clients et les usages prévus sans remarquer les fleurs inattendues. Univac, dans l'exemple cité plus haut, s'était polarisé sur le marché scientifique et n'avait pas vu le marché de l'entreprise – à la différence d'IBM. Vous devez laisser une centaine de fleurs s'épanouir *et* cueillir celles auxquelles vous ne vous attendiez pas – les marchés énormes qui sont « sous votre nez » – afin de faire des miracles.

CHOISISSEZ LA BONNE METHODE POUR GENERER DES PROSPECTS

De nombreux entrepreneurs, notamment ceux qui ont une formation technique, se fient aux méthodes traditionnelles comme la publicité et le télémarketing pour trouver des clients.

80. SHERMER (Michael), *None So Blind*, Scientific American (March 2004).

C'est encore plus le cas lorsque des cadres prétendument confirmés, issus de grandes sociétés, rejoignent l'équipe.

Ces méthodes marcheraient si les gens *achetaient* les produits et les services des *start-up*. Cependant, ceux-là sont *vendus*, non achetés. Pour faire cette vente, les entrepreneurs doivent établir leur crédibilité et développer des contacts directs et personnalisés, et ceci commence avec une recherche efficace de clients potentiels.

Henry DeVries de l'Institut du New Client Marketing a fait des recherches sur les méthodes les plus efficaces. Il a trouvé que la meilleure est de faire des séminaires à petite échelle. Ce n'est ni de la publicité, ni du télémarketing, ni des brochures sur papier glacé, ni une présence dans les foires professionnelles. Voici les cinq meilleures méthodes :

- Faire des séminaires à petite échelle.
- Faire des discours.
- Etre publié.
- Etre proactif dans la création de son réseau.
- Participer aux réunions des organismes professionnels.

Il est risqué de généraliser ses conclusions à toute forme d'entreprise, mais cette liste contredit les idées reçues, et vous devriez considérer ces méthodes quand vous essayez de faire des miracles.

TROUVEZ LA PERSONNE QUI INFLUENCE

« Data Base Administrator 3III » (DBAIII). C'est un décideur improbable, n'est-ce pas ? On s'imagine quelqu'un d'enfoui dans son bureau en désordre et encombré de manuels techniques, qui déjeune d'un sandwich.

Lisa Nirell était une faiseuse de miracles à BMC Software. C'est un de ces « Data Base Administrator III » qui acheta pour plus de 400.000 dollars de logiciel à sa société. A l'étroit dans son bureau, avec un téléphone sonnant constamment, ce DBA III influençait les achats principaux de sa société. Quand un dirigeant avait des questions sur des projets ou des fournisseurs, c'était M. DBAIII qu'il allait voir.

Plus vous allez haut dans la hiérarchie des grandes entreprises, moins il y a d'oxygène, et plus il est difficile qu'il y ait une vie intelligente. C'est ainsi que l'intelligence se concentre aux échelons intermédiaires et inférieurs. Voici une remarque capitale pour les faiseurs de miracles :

Ignorez les titres et trouvez les individus qui ont vraiment une influence.

Logiquement, vous allez vous poser la question suivante : Que dois-je faire pour trouver ces gens-là et y avoir accès ? Vous devez le demander aux secrétaires, aux assistantes administratives et aux réceptionnistes, ce qui conduit au point suivant : attaquez par le bas.

ATTAQUEZ PAR LE BAS

J'ai pris des dizaines de décisions sur des sociétés et des gens en consultant deux assistantes fantastiques : Carol Ballard et Holly Lory. Je leur posais des questions de ce genre : « Que pensez-vous de ce type ? » « Que pensez-vous de cette idée ? » Si les réponses étaient, « C'est un idiot », « Il est désagréable », « C'est un égocentrique », ou « C'est une idée stupide », c'était fini.

Vous pouvez trouver stupéfiant que des assistantes aient tant de pouvoir et d'influence sur moi – « Guy est sûrement une exception à la règle... Dans la plupart des cas, les dirigeants considèrent avec soin chaque appel téléphonique, chaque réunion et chaque e-mail pour dire ensuite à une assistante ce qu'elle doit faire ». Vous rêvez ! Les choses se passent comme je vous les décris.

Faire des miracles requiert l'accès à ceux qui ont de l'influence et aux décideurs. Ceci comporte les contacts directs, par téléphone ou même par e-mail. Malheureusement, ces gens sont assaillis par les commerciaux – qui proposent tous un produit ou un service « formidable ». (Personne n'appelle jamais pour vendre un article sans intérêt.)

Du coup, nombreux sont les cadres influents et les décisionnaires qui emploient des gens pour les protéger des faiseurs de miracles. Appelez-les des « parapluies ». Pour faire de la pluie, vous devez apprendre comment vous faire bien voir des parapluies. On les appelle secrétaires, assistants administratifs et parfois même *Data Base Administrator III*. Flatter les supérieurs est largement surfait – et cela ne marche pas si vous n'avez pas d'abord traversé la phalange des parapluies, donc continuez à lire pour apprendre à vous faire bien voir.

• **Comprenez-les.** Vous pouvez penser que leur tâche est de vous barrer tout accès. Ne soyez pas présomptueux. Vous n'êtes pas si important. Ils ont pour fonction de permettre au dirigeant de faire son travail – ils doivent notamment gérer son temps (ce que bien des gens comme vous peuvent perdre).

• **N'essayez pas de les acheter.** Personne n'aime être acheté – ou plus précisément, être perçu comme quelqu'un qu'on peut acheter, donc n'envoyez pas de cadeaux pour les soudoyer. La clef d'accès est une introduction de qualité et une proposition solide comme le roc et, ensuite, l'art de traiter tous les points de contact de l'entreprise avec respect et civilité.

Après avoir eu cet accès (qu'il ait marché ou non), alors vous pouvez faire le suivi par un e-mail, un message écrit à la main ou un cadeau. Parfois, ce qui est le plus efficace est la photocopie d'un article que ces contacts pourraient trouver intéressant. Quoi que vous fassiez, la gratitude est toujours préférable à la corruption.

• **Sympathisez avec eux.** Il est fort probable que cette personne ne gagne pas beaucoup d'argent – certainement une misère par rapport au salaire d'un dirigeant. Et le parapluie pourrait sans doute faire fonctionner l'établissement mieux que le dirigeant. Les sociétés donnent aux parapluies de petits salaires, donc ne croyez pas qu'ils « doivent » supporter vos insultes.

• **Ne vous plaignez jamais d'eux.** Même si le parapluie a tort, ne passez pas au-dessus de lui pour vous plaindre. Ce qui arrivera ? La plainte lui reviendra et vous pourrez toujours courir pour rattraper le coup.

FAITES LA COUR AUX AGNOSTIQUES, PAS AUX ATHEES

« ...les défenseurs des théories et des méthodes traditionnelles peuvent presque toujours montrer du doigt les problèmes qu'un nouveau rival n'a pas résolus, mais jamais dire que leur vision à eux est sans problème[81] ».

Thomas KUHN

L'un des Saint-Graal dans l'art de faire des miracles est de gagner « le compte de référence ». C'est le grand compte prestigieux qui fournit des brouettées d'argent et la crédibilité en prime.

Au milieu des années 1980, les comptes de référence pour un nouvel ordinateur personnel étaient les sociétés de logiciels Ashton-Tate et Lotus Development. Oh ! avoir leurs produits

81. KUHN (Thomas), *The Structure of Scientific Revolutions* (Chicago: University of Chicago Press, 1962), 157.

sur Macintosh... ce serait établir la viabilité du Macintosh. Cela ne s'est pas fait – et cela n'eut pas d'importance.

Par définition, des comptes de référence connaissent déjà le succès et sont établis. Généralement, ils bénéficient de la poursuite du *statu quo*. Voilà où est le problème : si vous avez un produit ou un service innovant, ce sont les comptes les moins susceptibles de l'adopter. Ce sont des athées quand on leur parle d'une nouvelle religion, car ils sont l'aristocratie de l'ordre ancien.

Malheureusement, bien des *start-up* sont obsédées par l'idée de gagner ces comptes de référence – comme c'était le cas d'Apple avec Ashton-Tate et Lotus. Elles sont prêtes à faire n'importe quoi pour les avoir parce que leur bénédiction équivaut à celle du pape.

Prenez le conseil de quelqu'un qui a eu tort : ignorez les athées. Cherchez plutôt les agnostiques : les gens qui n'interdisent pas votre religion et sont au moins ouverts à l'existence de votre produit ou votre service. Si le compte de référence de vos rêves « ne comprend pas », arrêtez net et passez à autre chose.

Les agnostiques ou les « non-consommateurs[82] » sont généralement des gens qui achètent peu à cause des coûts élevés et des compétences requises par l'offre du marché à un moment donné. Par exemple, à l'époque de l'introduction des ordinateurs personnels, au cours des années 1980, les gens ne pouvaient pas s'offrir des ordinateurs centraux. Même s'ils l'avaient pu, ces produits étaient si difficiles à utiliser qu'ils n'auraient pas eu le niveau de compétence nécessaire.

Du coup, les agnostiques sont plus faciles à satisfaire que les athées parce que vous leur permettez de faire quelque chose qu'ils ne pouvaient tout simplement pas avant – ce qui est différent

82. CHRISTENSEN (Clayton) and E. RAYNOR (Michael), *The Innovator's Solution* (Boston: Harvard Business School Press, 2003), 110-111.

de devoir déloger un produit ou un service établi. Apple a rarement réussi à faire abandonner Windows (malgré sa campagne de publicité), mais pour les gens qui n'avaient jamais utilisé d'ordinateur personnel, Macintosh changeait la vie.

Rien ne devrait plus enthousiasmer un entrepreneur que l'idée de pénétrer un marché plein d'agnostiques.

FAITES PARLER LES PROSPECTS

La nature, qui nous a donné deux yeux pour voir et deux oreilles pour entendre, ne nous a donné qu'une langue pour parler.

Jonathan SWIFT

Si un client éventuel est d'accord pour acheter votre produit ou votre service, il vous dira souvent ce qui vous permettra de conclure l'affaire. Tout ce que vous avez à faire, c'est tirer parti de l'anatomie que nous a donnée la nature, donc faites parler vos futurs acheteurs.

Le processus est simple : créez un environnement favorable en demandant la permission de poser des questions ; posez les questions ; écoutez les réponses; prenez des notes ; expliquez comment votre produit ou votre service satisfait leurs besoins – mais seulement si c'est le cas. Ce n'est pas compliqué, et pourtant bien des gens en sont incapables :

• Ils ne sont pas préparés à poser les bonnes questions. Il faut faire des recherches avant une réunion pour comprendre un prospect. De plus, ils ont peur que le fait de poser des questions les fassent passer pour des gens qui ne connaissent pas déjà la réponse.

• Ils ne savent pas se taire parce qu'ils sont formés à une école commerciale où on avance à coups de massue : je vais continuer à parler jusqu'à ce que le client potentiel démissionne et accepte d'acheter. Ou bien ils sont capables d'être silencieux, mais ils n'écoutent pas. (Entendre est involontaire ; écouter ne l'est pas.)

• Ils ne prennent pas de notes parce qu'ils sont paresseux et ne voient pas l'importance de l'information. Prendre des notes est une bonne idée – comme je l'ai mentionné au chapitre 7, « L'art de lever des fonds ». Premièrement, c'est un aide-mémoire. Deuxièmement, vous impressionnerez sûrement votre prospect en vous montrant intéressé au point de prendre des notes.

• Ils ne connaissent pas assez bien leur produit ou leur service pour le corréler efficacement aux besoins des clients ciblés. C'est inexcusable.

Disons que votre produit fournit plusieurs avantages (je ne parle pas de fonctions !) différents, comme celui de faire économiser de l'argent, d'aider à la tranquillité de l'esprit ou d'édifier les gens. Commencez par mentionner ces trois atouts et laissez vos futurs clients réagir. Généralement, ils vous diront ce qui ferait écho pour eux.

Si rien de ce que vous dites ne marche, demandez au prospect ce qu'il aimerait. A partir de ce moment-là, concentrez-vous sur ce que vous venez d'entendre car c'est un indice précieux, « C'est comme cela que vous pouvez me convaincre ». L'essentiel est de le laisser parler, d'écouter et ensuite d'être flexible. Souvenez-vous que vous êtes en train de vendre et qu'il n'est pas nécessairement en train d'acheter. Si un client vous dit comment lui vendre, vous avez sacrément intérêt à écouter.

PERMETTEZ DE FAIRE UN ESSAI

L'obstacle le plus difficile pour les *start-up* est la foi dans le *statu quo*. Généralement les gens pensent que les vieux produits ou services sont suffisants : « Je peux faire tout ce que je veux avec mon ordinateur qui a une interface texte. Pourquoi voudrais-je une interface graphique ? »

Cela ne veut pas dire que tout produit largement utilisé est véritablement suffisant, mais simplement que les gens ont accepté de faire avec. Ainsi, la tâche d'un entrepreneur est de leur montrer pourquoi ils ont besoin de quelque chose de nouveau. La méthode traditionnelle pour convaincre les consommateurs est de les matraquer avec de la publicité et des offres promotionnelles.

Cela dit, d'innombrables sociétés ont inondé le marché de la même promesse : mieux, plus rapide, moins cher ! Mais, votre nouvelle entreprise n'a probablement pas assez d'argent pour atteindre une masse critique en publicité et en offres promotionnelles.

Donc, pour une *start-up*, le meilleur moyen d'attirer le client est de lui permettre d'essayer. Essentiellement, vous dites ceci :

• « Nous pensons que vous êtes intelligent ». (Cela vous fait déjà sortir du lot.)

• « Nous n'allons pas vous faire du matraquage pour que vous deveniez notre client ».

• « S'il vous plaît, essayez notre produit ou notre service ».

• « Après vous déciderez ».

Ces essais diffèrent selon les industries. Voici quelques exemples illustrant que le principe s'applique à toutes sortes de contextes :

• H.J. Heinz (9 milliards de dollars de revenus en 2004) donna des échantillons de ses pickles à l'Exposition internationale de Chicago de 1893. Son stand était coincé dans un endroit où il y avait peu de passage. Il engagea donc des gamins pour distribuer des tickets promettant un cadeau à ceux qui viendraient chercher des pickles[83].

83. Overfelt (Maggie), *A World (Fair) of Invention,* Fortune Small Business (April 2003): 31.

• General Motors créa son programme d'essai de 24 heures permettant aux gens d'emmener la voiture chez eux pour la soirée. Bien sûr, c'était mieux que les essais habituels des vendeurs de voitures, consistant à faire le tour du pâté de maisons.

• Salesforce.com a permis aux gens de gérer leurs données commerciales gratuitement pendant trente jours. Avantage : une fois ce type d'information stocké, il y a moins de risque pour que le client les transfère ailleurs.

Cessez de dépendre des méthodes de marketing traditionnelles et coûteuses et faites l'essai de permettre d'essayer. C'est le meilleur moyen de venir à bout du *statu quo*.

PERMETTEZ DES PREMIERS PAS FACILES ET SANS RISQUE

Une des erreurs d'Apple, quand nous avons introduit le Macintosh a été de demander aux directeurs informatiques de remplacer leurs ordinateurs par des Macintosh. On leur demandait de sauter dans l'inconnu. Avec le recul, il n'est pas surprenant que peu de sociétés aient saisi notre offre.

Pour mélanger les métaphores, si vous voulez faire de la pluie, n'essayez pas de faire bouillir l'océan. Proposez plutôt aux clients une courbe d'adoption lisse, douce, et glissante. N'exigez pas d'eux qu'ils sautent par-dessus des palissades élevées. Suggérez aux clients d'utiliser votre produit ou votre service de façon limitée et à moindre risque, donc attendez d'eux de petites commandes :

- Une aire géographique, comme un bureau régional.
- Un département ou une fonction.
- Un projet.
- Une période d'essai brève.
- Un simple acte de support.

A supposer que vous ayez un très bon produit ou service, mettre un pied dans la place est l'aspect le plus difficile de la bataille. Si vous avez de la chance, votre produit ou votre service satisfera le client qui, du coup, sera enclin à l'adopter plus largement. Cela se passe rarement aussi bien, cependant : mettre un pied dans la place est difficile, faire en sorte que le produit soit utilisé est difficile, comme l'est aussi de s'assurer que son utilisation fera tâche d'huile. Mais le processus commence toujours par un pied dans la place.

Aussi peu évident que cela paraisse, vous devez définir une *dernière* phase facile et sans risque pour les clients. A savoir, permettre aux clients de terminer facilement leur relation avec vous. Par exemple, NetFlix, un service d'abonnement à des DVD a prévu une procédure facile et conviviale pour se désabonner. Les gens ont ainsi une dernière expérience positive avec la société.

Il vaut mieux que d'anciens clients disent, « NetFlix n'était pas pour moi parce que je ne regarde pas beaucoup de DVDs », plutôt que « Il m'a fallu une heure au téléphone et trois mois de bagarres avec ma société de carte de crédit pour me désabonner... Je n'utiliserai jamais plus NetFlix ».

De plus, grâce à la bonne impression que laisse la procédure de sortie de NetFlix, d'anciens clients sont beaucoup plus disposés à rétablir leur compte quand ils reçoivent les e-mails amicaux de NetFlix quelques semaines plus tard.

APPRENEZ QUAND ON VOUS ENVOIE PROMENER

Les faiseurs de miracles se font jeter. En fait, les meilleurs d'entre eux se font probablement plus souvent rejeter parce qu'ils font un plus grand nombre de présentations. Mais un faiseur de miracle apprend de ces rejets. Il y a deux leçons à retenir :

Premièrement, comment améliorer sa pratique de faire des miracles ; deuxièmement, quels prospects éviter. Voici la liste des rejets les plus courants et ce qu'ils vous enseignent.

• **« Vous n'êtes pas des nôtres. Cessez d'essayer d'être des nôtres ».** Vous rencontrez ce type de rejet quand vous changez fondamentalement la façon de faire les choses. Par exemple, lorsqu'il introduisit le Macintosh, Apple essaya de se faire accepter en le vendant aux directions informatiques (et échoua). Contournez les gens ou passez derrière ceux qui vous repoussent. C'est ainsi, par exemple, que vendre du Macintosh aux départements graphiques a réussi pour Apple.

• **« Vous n'êtes pas au point ».** Voici ce qui s'est passé : ou bien vous n'étiez vraiment pas prêt ou bien vous avez marché sur les plates-bandes de quelqu'un. Forcez-vous à revoir votre présentation et votre façon de vous comporter pour déterminer si c'est la première hypothèse. Si vous avez marché sur les plates-bandes de quelqu'un, trouvez le moyen de faire amende honorable.

• **« Vous êtes incompréhensible ».** C'est généralement ce que vous entendez quand vous l'êtes. Reprenez les choses à la base : supprimez le jargon, refaites votre présentation intégralement et exercez-vous. C'est vous qui avez la charge de la preuve. Si vous devez trouver un client assez intelligent pour comprendre pourquoi il a besoin de votre produit, vous risquez de mourir de faim.

• **« Vous nous demandez de changer et ce n'est pas ce que nous voulons entendre ».** C'est la réponse courante quand vous faites une présentation à un groupe qui a réussi, vit sur un grand train et ne voit pas de raison de changer. Vous devez comprendre que vous êtes sur le bon marché, mais que vous ne parlez pas aux bons clients, donc cherchez des clients qui ont des besoins.

• « **Vous êtes une solution à la recherche d'un problème ».** Cela veut dire que vous voyez la valeur de votre proposition de votre point de vue et que vous cherchez à quoi elle s'applique. La réponse appropriée est de continuer à travailler votre proposition jusqu'à ce que vous la regardiez de l'extérieur (comme les clients). Si vous ne pouvez pas voir les choses de l'extérieur, regardez les choses en face : il se peut que vous soyez une solution à la recherche d'un problème.

• « **Nous avons décidé d'adopter un autre produit (ou service) comme standart ».** Vous êtes probablement en train d'essayer de vendre à la mauvaise personne si vous entendez cela et que votre produit est véritablement meilleur, preuve à l'appui. Evitez le garde-barrière et trouvez l'utilisateur. Faites tout ce que vous pouvez pour avoir accès au client définitif. Si votre produit ou votre service n'est pas vraiment meilleur, il se peut alors que ce soit le dernier client qui ait demandé au garde-barrière de se débarrasser de vous.

GEREZ LE PROCESSUS DE FAIRE DES MIRACLES

Faire des miracles est un processus, non un acte ponctuel, ni un acte de Dieu. Vous ne pouvez pas l'abandonner à des « commerciaux » ou à la chance. Vous pouvez le gérer comme tous les autres processus dans votre entreprise. Voici quelques conseils sur la manière de faire :

• **Encouragez chaque employé à faire des miracles.** Vous arriverez sans doute un jour au point où vos ingénieurs et inventeurs pourront lancer leur nouveau produit ou service par-dessus le mur de leur bureau pour que les commerciaux le récupèrent et le vendent. Mais vous n'en êtes pas encore là.

• **Fixez des objectifs pour des comptes spécifiques :** quand vous espérez conclure et combien chaque vente doit rapporter sur une base hebdomadaire, mensuelle et trimestrielle.

• **Suivez les indicateurs principaux.** Chacun a ses indicateurs de suivi, comme les ventes du mois précédent et du trimestre. Les indicateurs principaux comme le nombre d'idées nouvelles pour le produit, les appels directs ou les prospects sont également importants. Il est facile de savoir ce que vous avez fait – il est plus difficile et plus utile de savoir où vous allez.

• **Reconnaissez et récompensez les vrais exploits.** Ne permettez pas aux faiseurs de miracles de donner exprès des prévisions basses, qu'ils pourront dépasser facilement. Bien sûr, ne reconnaissez pas et ne récompensez pas les intentions – il est facile d'en avoir, faire des miracles est difficile.

Si vous ne gérez pas ce processus, vous commencerez en disant : « Nos projections sont prudentes » et, six mois plus tard, vous direz : « Nos ventes sont plus lentes que prévu ». Rien n'est plus triste.

FAQ

Q. Où puis-je trouver des adeptes de la première heure et des preneurs de risques dans les grandes sociétés ?

R. Il est difficile de donner une réponse générale à cette question. Il est plus facile de vous dire où vous ne trouverez pas ce genre de gens : aux niveaux les plus élevés. Donc permettez à la centaine de fleurs de s'épanouir à l'intérieur de leurs sociétés – n'ayez pas d'idée préconçue sur ceux qui sont susceptibles de devenir les adeptes de la première heure.

Q. Nous avons la possibilité d'engager un faiseur de miracles, mais il veut un nombre significatif de parts, plus 150.000 dollars par an et un budget de dépenses de 75.000 dollars. Tout cela en plus du budget pour les foires-expositions et la publicité. Il a une bonne réputation, ayant été le responsable pour seize millions de ventes dans son poste précédent et il dit qu'en nous rejoignant il sacrifie une partie de son salaire. Pourquoi devrions-nous le prendre lui, plutôt qu'un commercial chez un fabricant ?

R. Un faiseur de miracles coûte cher, mais, quand il tient ses promesses, ça vaut le coup. S'il veut la lune, ce qui semble être le cas dans ce scénario, veillez à ce qu'il la mérite en établissant un plan de rémunération en fonction des résultats. Je ne lui donnerais pas tout simplement ce qu'il veut dès le départ.

LECTURES RECOMMANDEES

CIALDINI (Robert), *Influence: The Psychology of Persuasion.* New York: Morrow, 1993.

COLEMAN (Robert E), *The Master Plan of Evangelism*, Grand Rapids, MI: Spire Books, 1994.

MOORE (Geoffrey), *Crossing the Chasm: Marketing and Selling High-Tech Products to Mainstream Customers.* New York: Harper Business, 1999.

L'obligation

Chapitre XI
L'art d'être quelqu'un de bien

La vraie mesure de l'homme est dans sa manière de traiter quelqu'un qui ne peut lui faire absolument aucun bien.

Samuel JOHNSON

L'ESSENTIEL

Ce chapitre explique comment parvenir à être quelqu'un de vraiment très bien, un « *Mensch* », un mot yiddish pour désigner une personne qui est éthique, honnête et digne d'admiration. C'est l'éloge le plus noble que l'on puisse recevoir de gens dont l'opinion importe.

J'inclus ce sujet dans ce livre pour deux raisons :

• Tout individu et toute entreprise existent dans le contexte plus large de la société. Faire des choses qui vous profitent à vous et à votre firme, mais au détriment du reste de la société, n'a pas de sens à grande échelle.

• Si vous voulez construire une entreprise vraiment importante et qui dure, vous devez établir des normes très élevées de moralité et d'éthique pour les employés. Un *Mensch* est, par définition, un exemple à suivre.

Trois caractéristiques font d'un individu un *Mensch* : il aide un grand nombre de gens, il fait ce qui est bien et il paie la société en retour – des concepts simples mais difficiles à mettre en oeuvre.

AIDEZ BEAUCOUP DE GENS

Aller au paradis peut ne requérir que le seul acte d'accepter Dieu, mais selon certaines théories, une fois que vous y êtes, vous y voyez différentes « classes ». Appelons ces niveaux : économique, affaires et première classe, faute d'une meilleure analogie. (Le paradis peut ne pas marcher de cette façon, mais nous parlons d'éternité, donc pourquoi prendre des risques ?)

Comme dans les voyages en avion, la question-type est, « Comment me faire surclasser ? » Vous devez marquer des points de bonne conduite pendant que vous êtes sur terre et le meilleur moyen de les gagner, c'est d'aider les gens.

Les gens les plus faciles à aider sont ceux qui, pensez-vous, vous seront utiles un jour. Malheureusement, ces points sont ceux qui ont le moins de valeur parce que votre motivation n'est pas pure. Bien des gens ne se préoccupent pas de cet aspect des choses.

Les points qui ont de la valeur, et c'est ce qui distingue un *Mensch* d'un intriguant, viennent de l'aide que vous apportez à des gens qui ne peuvent pas vous aider. Dans l'ordre ascendant de pureté en terme de karma, il y a trois raisons de les aider :

- On ne sait jamais : il se peut qu'ils aient la possibilité de vous aider un jour.
- Vous voulez vous assurer que vous marquez des points de karma juste pour le cas où mes théories seraient justes.
- On éprouve une joie intérieure à aider son prochain.

La première raison vous procurera un siège à côté des sorties de secours en classe économique. La seconde vous placera en classe affaires. La troisième vous mettra en première sur *Singapore Airlines*, dans un siège que vous pouvez transformer en lit, avec une prise pour votre portable, un casque à réducteur de bruit, et un accès à Internet.

Mais ne nous perdons pas dans les détails. Un *Mensch* aide les gens, que ce soit bon pour sa vie présente ou son existence future. Il y a peu de joies plus grandes que celle d'aider les autres.

FAITES CE QUI EST JUSTE

La seconde pierre angulaire de l'art d'être quelqu'un de bien est de faire ce qui est juste. Cela signifie prendre une voie qui est parfois difficile. Voici trois exemples :

- **Respectez l'esprit des accords.** Une banque d'investissement trouve un acheteur pour votre société, vous aide à négocier un prix acceptable et finalise le marché. Cependant, celui-là est conclu un mois après la date d'expiration de l'accord et les honoraires que vous économiseriez seraient de 500.000 dollars. Vous payez de toute façon. Avec plaisir.

- **Payez les choses à leur prix.** Vous êtes un bijoutier et vous recevez un envoi d'un fabricant. Il a facturé les pièces au prix de bagues 14 carats alors qu'elles sont à 18 carats. Vous l'appelez pour lui signaler l'erreur.

- **Concentrez-vous sur l'important.** Vous êtes dans une division de hockey pour débutants. En milieu de saison, votre équipe est à 8-0. La meilleure équipe après vous est à 4-4 et l'équipe la pire à 0-8. Quelques-uns de vos meilleurs joueurs offrent d'échanger leur place avec les joueurs de l'équipe qui est dernière[84]. L'important, c'est que tout le monde s'amuse, non de gagner le championnat.

Un *Mensch* fait ce qui est juste – non ce qui est conforme à ses intérêts, ce qui lui économise de l'argent ou ce qui vise à tromper. Ce qui est juste est juste et ce qui est mal est mal. Il y a des vérités absolues, c'est indéniable. Le *Mensch* tient compte de ces vérités et il en est l'exemple.

84. Et juste pour vous montrer comment marche le tableau d'affichage dans le karma, l'équipe qui était la dernière gagna le championnat à la fin de la saison.

PAYEZ LA SOCIETE EN RETOUR

La troisième pierre angulaire de l'art d'être un *Mensch* consiste à remercier la société. On pourrait définir un *Mensch* comme un investisseur que les plus-values n'intéressent pas. Le gain qu'il recherche est de remercier la société, non d'amasser de l'argent supplémentaire.

Cela ne veut pas dire qu'un *Mensch* est nécessairement riche. En fait, l'argent fait généralement d'un individu le contraire d'un *Mensch*. (Si vous voulez jamais comprendre ce que Dieu pense de l'argent, regardez à qui il le donne.)

Un *Mensch* veut remercier la société pour les bienfaits qu'elle lui a donnés. Les voici :

- Une famille et des amis.
- Un accomplissement spirituel.
- Une bonne santé.
- Un bel environnement.
- Le succès économique.
- Sortir un lapin de son chapeau une fois de temps en temps.

On peut remercier la société en utilisant toutes sortes de monnaies d'échange : donner de l'argent, donner son temps, sa compétence et son soutien affectif. Un *Mensch* donne tout cela avec joie. L'essentiel est qu'il paie en retour d'un bienfait qu'il a déjà reçu – par opposition au fait de payer *par avance* dans l'espoir d'un retour.

Exercice

Vous êtes à la fin de votre vie. Ecrivez les trois choses dont vous voulez que les gens se souviennent à votre sujet :

1.
2.
3.

FAQ

Q. Comment puis-je éviter que le succès ne me monte à la tête ?

R. Pour ce qui est de ce sujet, la mort et la maladie ont eu un impact profond sur moi. Ni l'une ni l'autre ne s'occupent de savoir si vous êtes riche, célèbre ou puissant. Et toutes les richesses, la célébrité ou le pouvoir sont sans importance si vous êtes malade ou mort. Donc lorsque vous vous sentez invincible, rappelez-vous simplement qu'en un clin d'oeil vous pourriez disparaître, et devenir « la personne la plus riche de l'hôpital » ou « la personne la plus riche du cimetière » sont des messages de positionnement vraiment nuls.

Q. Comment puis-je faire une visite commerciale ou conclure une affaire sans avoir le sentiment « d'avoir bien eu » le client ?

R. Si vous vendez quelque chose dont le client a besoin, ce n'est jamais ce que vous devriez éprouver. Si c'est ce que vous éprouvez, cessez de vendre ce produit – ou vendez-le à des gens qui en ont besoin.

Q. Penser aux autres et être charitable ne sont-ils pas l'antithèse des affaires qui consistent à faire de l'argent ? Un investisseur potentiel n'y verra-t-il pas le signe que je suis mou ou faible et un mauvais homme d'affaires ?

R. Si c'est ce que pense un investisseur potentiel, ça en dit plus sur lui que sur vous. Il est tout à fait possible de faire du bien et de bien faire. Les deux ne s'excluent pas. Cela dit, ne supposez pas que les causes caritatives qui vous intéressent sont les mêmes que celles de vos investisseurs. Et vous devez être charitable en utilisant vos ressources à vous, non celles de quelqu'un d'autre.

Q. Et si moi, par ailleurs serviable et positif, j'ai vraiment envie d'envoyer un coup de patte à quelqu'un ?

R. C'est pour cela qu'il y a des patinoires – bien que je sois connu pour avoir lancé de la glace parfois moi-même (ce qui a empiré le problème). En vieillissant, j'ai appris à me taire, ne pas envoyer d'e-mail et à partir.

Q. Les gens me demandent toujours mes conseils d'expert, mais cela interfère avec mon travail. Que dois-je faire ?

R. Ecrivez un livre et dites à tout le monde de l'acheter.

LECTURES RECOMMANDEES

HALBERSTAM (Joshua), *Everyday Ethics: Inspired Solutions to Real-Life Dilemmas.* New York: Viking. 1993

Postface

> Les livres sont bien, à leur façon, mais ils sont
> un substitut sacrément exsangue à la vie.
>
> Robert Louis STEVENSON

Merci d'avoir lu mon livre. C'était un investissement à la fois en temps et en argent. En échange, j'espère que vous en avez retiré des idées pour créer du sens et changer le monde.

J'espère vous rencontrer un jour. Si vous avez ce livre avec vous, vous pouvez me montrer où vous avez mis des marques, quelles pages vous avez cornées et quels passages vous avez soulignés. Rien n'est plus flatteur pour un auteur que de voir son livre sérieusement « usagé ».

Mais je vous ai retenu trop longtemps. Jetez les microscopes, réglez les télescopes et allez de l'avant.

Guy Kawasaki
Palo Alto, California

Index

A

B

C

D

F

G

H

I

N

O

P

R

S

T

U

V

W

X

Y

IMPRIM'VERT®
Imprimé en France
Dépôt légal mars 2006